beck**^l**sche reihe

b^{sr}

Wodurch ist das Recht einer Gesellschaft definiert? Wie unterscheiden sich Rechtsnormen von Normen anderer Art? Worin liegt das Fundament einer Rechtsordnung? Kann gesetzliches Unrecht gleichwohl «Recht» sein? Lassen sich bestimmte Anforderungen an das Recht ethisch begründen? Worin besteht die Legitimation staatlichen Strafens? Sind die Normen einer geltenden Rechtsordnung stets befolgungswürdig? Kann die Anwendung des Rechts objektiv erfolgen? Auf diese und ähnliche Fragen gibt der Autor in prägnanter Form allgemeinverständliche Antworten.

Norbert Hoerster, geboren 1937, lehrte von 1974 bis 1998 als Professor Rechts- und Sozialphilosophie an der Universität Mainz. Seine jüngsten Buchveröffentlichungen sind «Ethik des Embryonenschutzes» (Reclam 2002), «Ethik und Interesse» (Reclam 2003) sowie bei C. H. Beck «Haben Tiere eine Würde?» (2004) und «Die Frage nach Gott» (2005).

Norbert Hoerster

Was ist Recht?

*Grundfragen
der Rechtsphilosophie*

Verlag C. H. Beck

Originalausgabe

© Verlag C. H. Beck oHG, München 2006
Gesamtherstellung: Druckerei C. H. Beck, Nördlingen
Umschlagentwurf: + malsy, Willich
Printed in Germany
ISBN-10: 3 406 54147 X
ISBN-13: 978 3 406 54147 6

www.beck.de

Inhalt

1. Einleitung

Nahezu jeder Bürger einer modernen Gesellschaft hat gelegentlich mit dem Recht zu tun: Er zahlt Miete; er baut sich ein Haus; er fährt Auto; er entrichtet Steuern. Bei all diesen Handlungen muß er das Recht beachten. Aber was ist das Recht?

Offenbar hat das Recht nicht überall den gleichen Inhalt. In England muß man auf der Straße links, in Deutschland rechts fahren. In Schweden ist die Einkommensteuer höher als in den Vereinigten Staaten. Andererseits scheint es Teile des Rechts zu geben, die überall identisch sind. So verbietet das Recht in all den genannten Ländern solche Handlungen wie Mord oder Diebstahl.

Es ist Aufgabe der *Rechtswissenschaft*, das Recht eines Landes systematisch zu analysieren und zu beschreiben sowie die Unterschiede und die Gemeinsamkeiten des Rechts verschiedener Länder zu untersuchen. Die Aufgabenstellung dieses Buches ist jedoch eine andere. In ihm geht es um die Frage, wodurch jegliches Recht überhaupt – gleichgültig in welchem Land und mit welchem Inhalt es existiert – gekennzeichnet ist.

Genau welche Eigenschaften muß ein Phänomen haben, damit wir es sinnvollerweise als «Recht» bezeichnen? Wodurch unterscheiden sich die Normen des Rechts von sonstigen Normen? Was macht überhaupt das Wesen einer Norm aus? Muß eine Rechtsordnung oder eine Rechtsnorm, die diesen Namen verdient, moralisch unanfechtbar sein? Gibt es ethische Anforderungen an das Recht, die sich intersubjektiv begründen lassen? Bedarf es zu einer solchen Begründung der metaphysischen Annahme eines «Naturrechts»? Und mit Hilfe welcher Methoden kann man herausfinden, ob eine bestimmte Rechtsnorm auf einen konkreten Einzelfall anwendbar ist?

Dies sind die typischen Fragen der *Rechtsphilosophie*. Wer sich als Rechtswissenschaftler, als praktischer Jurist oder als einfacher Bürger mit dem Recht beschäftigt, setzt eine Antwort auf diese Fragen in mehr oder weniger unreflektierter Weise immer schon voraus. Für ihn steht fest, daß das, was gemeinhin als Recht bezeichnet wird, auch tatsächlich Recht und nicht etwas anderes ist. Auch geht er in der Regel davon aus, daß es wohlbegründete ethische Maßstäbe gibt, an denen das Recht sich messen läßt. Und schließlich nimmt er an, daß die Auslegung und Anwendung des Rechts prinzipiell in einer Weise erfolgen kann, die allgemeine Zustimmung verdient.

Aufgabe des Rechtsphilosophen ist es, derartige Voraussetzungen des alltäglichen Umgangs mit dem Recht ausdrücklich zu thematisieren: sie explizit zu machen; sie auf ihre Begründetheit hin zu untersuchen; und nötigenfalls Vorschläge zu ihrer Revision auszuarbeiten. Falls ihm die Erfüllung dieser Aufgabe gelingt, so kann er zu einem besseren Verständnis und zu einer besseren Gestaltung des Rechts in der Gesellschaft beitragen.

Nicht erörtert werden in diesem Buch jene normativen Fragen der Rechtsethik, die die gebotenen Strukturen einer umfassend *gerechten* Gesellschaft zum Gegenstand haben. Die Thematik der sozialen Gerechtigkeit ist so komplex, daß sie den Rahmen des Buches sprengen würde. Sie wird mit guten Gründen üblicherweise im Rahmen der *Sozialphilosophie* behandelt.

Kein deutschsprachiger Rechtsdenker hat die Grundfragen der Rechtsphilosophie in seinem Werk so eingehend, deutlich und kompromißlos behandelt wie der Österreicher Hans Kelsen (1881–1973). In einem Anhang des Buches werden die Kernthesen der «Reinen Rechtslehre» Kelsens einer eingehenden Darstellung und Kritik unterzogen.

Ich habe dieses Buch in Erinnerung an meine zahlreichen Begegnungen mit dem englischen Rechtsphilosophen H. L. A. Hart (1907–1992) geschrieben. Harts ebenso wie Kelsens weltweit rezipierte Schriften haben in Deutschland – im Land von Hegel, Heidegger und Habermas – wegen ihrer unprätentiösen Klarheit bislang wenig Resonanz gefunden.

Als Leser des Buches wünsche ich mir Menschen, die primär unter philosophischem – und nicht unter politischem – Aspekt am

Phänomen des Rechts interessiert sind. Unter deutschen Rechtsprofessoren sind solche Menschen, wie ich während meiner langjährigen Tätigkeit an einem juristischen Fachbereich erfahren mußte, kaum zu finden.

Für kritische Hinweise danke ich meinen Gesprächspartnern Privatdozent Dr. Lothar Fritze aus Chemnitz und Rechtsanwalt Dr. Thomas Fritzsche, LL. M., aus Wien.

2. Der Zwangscharakter des Rechts

Es ist leicht, Beispiele dafür anzuführen, was wir alle, ob einfache Bürger oder Juristen, als Recht bezeichnen. So gehören zum Recht etwa die Vorschriften, daß der Käufer einer Sache den vereinbarten Preis zahlen oder daß der Dieb einer Sache bestraft werden soll. Ungleich schwieriger als solche Beispiele anzuführen ist es, in allgemeinen Begriffen zu definieren, welche Bedingungen erfüllt sein müssen, damit wir etwas als Recht bzw. als eine rechtliche Regelung, als eine Rechtsnorm bezeichnen können.

Eine erste wesentliche Bedingung scheint zu lauten: Rechtsnormen enthalten Gebote oder Vorschriften, Anordnungen, Anweisungen oder Aufforderungen zu einem bestimmten Verhalten. Das bedeutet insbesondere: Das Recht informiert die Menschen nicht über etwas, was der Fall *ist*, also etwa darüber, wie häufig gestohlen wird, sondern teilt ihnen mit, was der Fall sein *soll*, also etwa, daß nicht gestohlen werden soll.

Offenbar sind jedoch nicht alle Normen, die mitteilen, was der Fall sein soll, auch Normen des Rechts oder Rechtsnormen. Es gibt zum Beispiel auch Moralnormen, Normen der Etikette oder Anweisungen, die jemand an seine Kinder richtet. Was ist also das Besondere an *Rechts*normen? An dieser Stelle wird mancher Leser sicher sagen: «Rechtsnormen sind solche Normen, die vom *Staat* ausgehen». Diese Antwort ist nicht falsch; sie ist jedoch in mehrfacher Hinsicht unvollständig sowie erläuterungsbedürftig. Worin das Wesen von Rechtsnormen genau besteht, wird sich im vorliegenden sowie in den folgenden Kapiteln zeigen.

Zunächst jedoch einige Erläuterungen zum *allgemeinen* Begriff der Norm. Den Begriff der Norm wollen wir zunächst einmal so verstehen, daß jedenfalls jede Aufforderung beliebiger Art zu einem bestimmten Verhalten von ihm erfaßt wird. Hier einige Beispiele:

«Man soll bei Rot nicht die Straße überqueren» (eine Rechtsnorm); «Man soll ein gegebenes Versprechen halten» (eine Moralnorm); «Man soll einander zur Begrüßung die Hand geben» (eine Norm der Etikette).

Derartige Normen enthalten offenbar Verhaltensaufforderungen im Sinn entweder von Geboten oder Verboten. Dabei lassen sich Verbote eines bestimmten Handelns auch als Gebote des entsprechenden Unterlassens verstehen. So ist das Verbot, zu stehlen, identisch mit dem Gebot, nicht zu stehlen. Insofern kann man auf die Formulierung von Verboten ganz verzichten. Entsprechendes gilt auch für Erlaubnisse, die ebenfalls Inhalt von Normen sein können. So ist die Erlaubnis, daß man zum Zweck des Überholens auf der linken Straßenseite fahren darf, nichts anderes als eine Ausnahme vom generellen Gebot des Rechtsfahrens, die sich ohne weiteres in dieses Gebot integrieren läßt: Man soll auf der Straße rechts fahren, außer zum Zweck des Überholens.

Im Alltag bedient man sich zur Formulierung von Normen häufig auch solcher Wörter wie «müssen», «dürfen», «richtig» oder «falsch». Es bereitet jedoch keine Schwierigkeit, das jeweils Gemeinte auch unter Verwendung des Begriffs des Sollens auszudrücken.

Normen, Verhaltensaufforderungen oder Gebote können sich sowohl an ganz bestimmte Individuen als auch an eine unbestimmte Anzahl von Individuen richten. Ein Beispiel für Normen der ersteren Art ist das richterliche Urteil «A soll B 100,– Euro zahlen», ein Beispiel für Normen der letzteren Art die Gesetzesnorm «Der Käufer einer Sache soll dem Verkäufer den vereinbarten Kaufpreis zahlen». Normen der ersteren Art wollen wir als *Individualnormen*, Normen der letzteren Art als *Sozialnormen* bezeichnen. Eine Rechtsordnung enthält immer auch Sozialnormen.

Soviel an dieser Stelle zum Begriff der Norm. Wir werden das, was eine Norm und ihr Sollen ausmacht, in Kapitel 5 noch eingehend behandeln. Und inwieweit im Rahmen des Rechts und seiner Regelungen neben Normen, verstanden als *Gebote*, auch Normen, verstanden im Sinne sogenannter *Ermächtigungen*, eine Rolle spielen, werden wir in den Kapiteln 3 und 4 im einzelnen sehen. Im Zentrum einer jeden Rechtsordnung stehen jedenfalls an die Bewohner eines bestimmten Territoriums gerichtete Gebote.

Rechtsnormen sind, sofern das Zusammenleben der Menschen überhaupt staatlich geregelt ist, stets Normen, die im Staat ihren Ursprung haben. Dabei scheinen Rechtsnormen mit einer bestimmten Art von *Zwangsakten*, nämlich *physischen* Zwangsakten, wie sie speziell der Staat setzt, zu tun zu haben. Unter der *Setzung* eines Zwangsaktes soll dabei sowohl die generelle Anordnung bzw. Androhung eines Zwangsaktes als auch die individuelle Verhängung bzw. Vollstreckung eines Zwangsaktes verstanden werden.

Man betrachte als Beispiel eine Norm wie «Der Käufer soll dem Verkäufer den vereinbarten Kaufpreis zahlen»: Diese Norm findet sich zum einen in einem staatlichen Gesetz (siehe § 433 Bürgerliches Gesetzbuch); und zum anderen muß derjenige, der sie nicht befolgt, mit einer staatlichen Zwangsvollstreckung rechnen.

Der staatliche Zwangsakt, mit dem eine Rechtsnorm in Zusammenhang steht, kann jedoch recht unterschiedlicher Natur sein. Er kann etwa in einer Vorsorgemaßnahme (wie einer Zwangsimpfung oder einer Straßensperre) bestehen, die dem Wohlergehen (der Gesundheit bzw. der Sicherheit) der Bürger dient. Er kann aber auch in einer Handlung bestehen, die sich – jedenfalls für die unmittelbar betroffenen Bürger – eindeutig als ein Übel darstellt.

Ein Zwangsakt der letzteren Art ist häufig identisch mit einer *Sanktion*, das heißt mit einem Übel, das der Staat dem Adressaten einer Rechtsnorm für den Fall der Normverletzung androht. Dieses Übel kann zum einen in einer *Zwangsvollstreckung* bestehen, durch die der Staat eine dem Bürger durch die Rechtsnorm auferlegte Rechtspflicht im Zwangswege durchsetzt. Es kann zum anderen aber auch in einer staatlichen Strafe bestehen, die man als *Kriminalstrafe* zu bezeichnen pflegt. Dabei können beide Arten von Sanktionen nebeneinander zur Anwendung gelangen. So wird etwa derjenige, der einen Gegenstand gestohlen hat, vom Staat gezwungen, 1. diesen Gegenstand seinem Eigentümer zurückzugeben bzw. zu ersetzen und 2. an den Staat eine bestimmte Geldsumme zu zahlen bzw. eine Zeitlang auf seine Freiheit zu verzichten. Auf diese Weise können sich also Normen des Zivilrechts, das die Rechtsbeziehungen der Bürger untereinander regelt, und Normen des Strafrechts in ihren Voraussetzungen sowie in ihren Folgen überschneiden.

Schon der Fall einer einfachen Norm des Zivil- oder Strafrechts zeigt jedoch bei genauerem Hinsehen, daß der Begriff der Rechtsnorm offenbar komplexer ist, als es zunächst den Anschein hat. Denn derjenige, der dem Bürger gegenüber aufgrund einer Rechtsnorm eine staatliche Sanktion verhängt, ist zwar in einem gewissen Sinn «der Staat»; realistisch betrachtet aber ist der Sanktionierende stets ein Mensch (etwa ein Richter oder ein Vollzugsbeamter), der den Staat repräsentiert. Und es sind ganz offensichtlich ebenfalls *Rechtsnormen*, die den Betreffenden anweisen, daß er den Bürger, der seinerseits das Recht verletzt hat, sanktioniert.

Anscheinend haben wir es in solchen Fällen mit zwei durchaus verschiedenen Rechtsnormen zu tun: etwa mit Norm 1 «Man soll nicht stehlen» und gleichzeitig mit Norm 2 «Diebe sollen bestraft werden». Während Norm 1 sich an den *Bürger*, also an jedermann, als Adressaten richtet, richtet sich Norm 2 an bestimmte *Amtsträger* als Adressaten, nämlich an *staatliche* Amtsträger wie Richter und Vollzugsbeamte. Dementsprechend nimmt die mit der Norm zusammenhängende Sanktion in beiden Fällen innerhalb der jeweiligen Norm eine ganz unterschiedliche Funktion ein: In Norm 1 wird dem Normadressaten eine Sanktion für seine Normverletzung (jedenfalls indirekt) *angedroht*; in Norm 2 wird der Normadressat zur *Verhängung* einer Sanktion gegenüber einem *anderen* Individuum für *dessen* Normverletzung angewiesen.

Ob in einem solchen Fall auch dem Amtsträger, der der Adressat von Norm 2 ist, für eine Verletzung *dieser* Norm eine Sanktion (seitens eines anderen Amtsträgers) droht, ist nicht gesagt. Sanktionsdrohungen sind keineswegs mit *allen* Gebotsnormen, die sich an Amtsträger als Adressaten richten, verbunden. Dies trifft insbesondere auf solche Normen zu, deren Adressaten Spitzenpositionen – wie die des Staatsoberhauptes – innehaben. Das aber bedeutet: Nicht jede Rechtsnorm steht notwendig in dem Sinn mit einem staatlichen Zwangsakt in Zusammenhang, daß für ihre *Verletzung* ein solcher Zwangsakt droht. Gleichwohl ist jede Norm, die die *Setzung* eines Zwangsaktes (durch einen staatlichen Amtsträger) anordnet, als Rechtsnorm anzusehen.

Der Zusammenhang zwischen Rechtsnorm und Zwangsakt kann also ganz unterschiedlicher Art sein. Zwar stehen Rechtsnormen offenbar immer in einem engen Zusammenhang mit staatlichen Zwangsakten, die außerdem zumeist (wie Strafen oder Zwangsvollstreckungen) den Charakter von Sanktionen haben. Während *einige* Rechtsnormen aber unter *Androhung* von Zwangsakten irgendwelche Handlungsanweisungen erteilen, erteilen *andere* Rechtsnormen – speziell den Amtsträgern – Anweisungen zur *Setzung* von Zwangsakten.

Die hier dargestellte Sichtweise vom Zusammenhang zwischen Rechtsnorm und Zwangsakt ist nicht unumstritten. Bedeutende Rechtsphilosophen haben in verschiedener Hinsicht alternative Auffassungen vertreten. Besonders weitreichend ist die alternative Auffassung Hans Kelsens. Auch für Kelsen besteht zwar durchaus ein enger Zusammenhang zwischen Rechtsnorm und Zwangsakt. Doch seines Erachtens sind sämtliche selbständigen Rechtsnormen als Normen des oben vorgestellten Typs 2 zu verstehen. Das heißt, als Rechtsnormen im eigentlichen Sinn kommen für Kelsen nur solche Normen in Betracht, deren Adressaten Amtsträger sind. Norminhalt ist dabei, wie oben ausgeführt, stets die *Setzung* eines Zwangsaktes dem Bürger gegenüber. Das bedeutet: Es gibt in Wahrheit gar keine Rechtsnorm «Man soll nicht stehlen», sondern lediglich die Rechtsnorm «Diebe sollen bestraft werden». Der Diebstahl – der tatsächlich bereits stattgefundene Diebstahl – ist lediglich die *Bedingung* dafür, daß eine Sanktion, also ein Zwangsakt von den Amtsträgern verhängt werden soll. (Siehe Kelsen I, S. 56.)

Diese Sichtweise hat ohne Zweifel den Vorteil, daß der Zusammenhang zwischen Rechtsnorm und Zwangsakt nicht länger ambivalent ist. Es gibt nur eine einzige Art von Rechtsnormen. Die Verhängung sowie die Vollstreckung von Zwangsakten kann dabei stets nur *Inhalt* einer Rechtsnorm, niemals aber Folge der *Verletzung* einer Rechtsnorm sein. Denn eine sich an den Bürger richtende Rechtsnorm, die verletzt werden könnte, gibt es nicht!

Für diese Sichtweise Kelsens spricht auf den ersten Blick jene Formulierung, deren sich nicht wenige staatliche Gesetzestexte tatsächlich bedienen. Betrachten wir zum Beispiel das deutsche Strafgesetzbuch in seiner Kodifizierung der einzelnen strafbaren Handlungen. In seinem § 242, der den Diebstahl zum Gegenstand hat, heißt es nicht etwa, daß man «nicht stehlen soll», sondern vielmehr ganz lapidar, daß derjenige, der stiehlt, «bestraft wird». Nun ist diese Formulierung sicher nicht wörtlich zu verstehen – nämlich als deskriptive Aussage soziologischer Natur. Denn erstens würde es sich hierbei gar nicht um eine Norm handeln. Und zweitens wäre die betreffende Aussage sogar offenkundig falsch; denn tatsächlich werden, wie man weiß, die allermeisten Diebstähle – aufgrund der hohen Dunkelziffer bei der Aufklärung dieser Straftat – keineswegs bestraft. Gemeint ist vom Gesetzgeber zweifellos: Diebe *sollen* bestraft werden. (Dementsprechend heißt es etwa im Strafgesetzbuch Österreichs – in seinem § 127 – auch ausdrücklich, daß derjenige, der stiehlt, «zu bestrafen ist».) Die Rechtsnorm des § 242 Strafgesetzbuch hat also offenbar genau den Inhalt, den Kelsen einer Rechtsnorm zuschreibt.

Die Frage bleibt jedoch, ob dies tatsächlich, wie Kelsen annimmt, der *einzige* Inhalt des § 242 ist. Ich halte diese Auffassung für wenig realitätsgerecht. Sie läuft nämlich auf die folgende Rekonstruktion dieser Strafvorschrift hinaus: Der Staat gebietet den zuständigen Amtsträgern, Diebstähle zu bestrafen. Der Staat gebietet aber nicht den Bürgern, Diebstähle zu unterlassen. Er *informiert* die Bürger indirekt durch seine Strafvorschrift lediglich dahingehend, daß sie im Fall eines Diebstahls mit der Möglichkeit einer Bestrafung rechnen müssen (wobei, wie gesagt, die *Wahrscheinlichkeit* einer Bestrafung im Fall des Diebstahls nicht sehr groß ist). Eine staatliche Aufforderung an den Bürger, nicht zu stehlen – sowie die übrigen Straftaten nicht zu begehen –, gibt es nicht. (Vgl. zum Folgenden auch die Kritik Harts in: Hart I, S. 35 ff.)

Eine solche Sichtweise geht an der Realität vorbei. Es ist dem Staat ja keineswegs gleichgültig, ob der Bürger stiehlt oder nicht. In erster Linie will er durch den § 242 doch unmittelbar die *Bürger* ansprechen und ihnen das Stehlen verbieten. Es mag zwar zutreffen, daß nicht wenige Bürger das staatliche Verbot allein unter dem Aspekt des drohenden Zwangsaktes bei ihren handlungsleitenden Überlegungen berücksichtigen. Aus der Perspektive *dieser Bürger* stellt sich die entsprechende Verbotsnorm dann in der Tat lediglich, wie Kelsen annimmt, als nützliche Information über eventuelle Nachteile einer möglichen Handlung dar.

Doch diese Tatsache ändert nichts daran, daß die Norm jedenfalls aus der Perspektive derjenigen, die sie erlassen haben, durchaus an die Bürger als *Adressaten* gerichtet ist, indem sie ihnen ein bestimmtes Verhalten gebietet. Das zeigt sich auch darin, daß das betreffende Verhalten häufig (so im Fall seiner Strafbarkeit) sogar ausdrücklich vom Gesetzgeber als «rechtswidrig» bezeichnet wird (siehe etwa § 11 I Nr. 5 Strafgesetzbuch!), was unter anderem der Polizei das Recht gibt, dieses Verhalten, wenn möglich, bereits im Vorfeld gewaltsam zu unterbinden.

Das bedeutet: Die sich an die Amtsträger richtende Rechtsnorm, eine Sanktion zu verhängen, hat in Wahrheit nur eine sekundäre, hilfsweise Funktion. Sie kommt ja nur insoweit überhaupt zur Anwendung, als die sich an die Bürger richtende primäre Rechtsnorm ihr Ziel verfehlt. Ihr einziger Sinn besteht insofern darin, durch den mit ihrem Bestehen verbundenen Abschreckungseffekt eine möglichst *weitgehende* Befolgung der primären Rechtsnorm durch möglichst *alle* Bürger zu erreichen.

Aus alledem folgt: Eine Vorschrift des Strafgesetzbuches wie § 242 besteht – so wie sie, ungeachtet ihrer Formulierung, von *allen* Beteiligten normalerweise verstanden wird – tatsächlich aus zwei verschiedenen Rechtsnormen mit unterschiedlichen Adressaten: der Norm «Man soll nicht stehlen» sowie der Norm «Diebe sollen bestraft werden». Dabei richtet sich die erste Norm *auch* an die Amtsträger, da diese ja *auch* Bürger sind.

Damit vereinbar ist, daß die zweite Norm durch die mit ihr verbundene Sanktionsdrohung dem Bürger gegenüber faktisch eine Bedingung dafür ist, daß auch die erste Norm den Charakter einer Rechtsnorm hat. Denn eine staatliche Aufforderung an den Bürger, die *nicht* – explizit oder implizit – mit der Androhung eines Zwangsaktes verbunden ist, ist jedenfalls, selbst wenn sie vielleicht einmal in einem Gesetz vorkommt, so untypisch, daß sie nicht als Rechtsnorm im Vollsinn des Wortes betrachtet werden kann.

Kelsen erkauft seine einheitliche Konzeption der Rechtsnorm im Ergebnis damit, daß er den Sinnzusammenhang, in dem die zweite, sich an den Amtsträger richtende Norm steht, geradezu umkehrt: Anstatt ihre hilfsweise Funktion anzuerkennen, rückt er sie ins Zentrum der Betrachtung.

Wie realitätsfern diese Konzeption ist, zeigt auch die folgende Überlegung. Sanktionen sind, wie schon gesagt, nicht die einzigen Übel, die der Staat dem Bürger unter bestimmten Bedingungen zwangsweise auferlegt. So muß der Bürger etwa, sofern er Geldeinkünfte hat, dem Staat Steuern zahlen. Dabei ist die Steuer zwar keine Sanktion, kein Zwangsakt wegen einer begangenen Normverletzung, wohl aber – nicht anders als die Geldstrafe wegen eines Diebstahls – ein gemäß einer Rechtsnorm von einem Amtsträger (einem Finanzbeamten) dem Bürger zwangsweise auferlegtes Übel. In beiden Fällen haben wir es mit einer Konstellation zu tun, in der eine Rechtsnorm einen Amtsträger anweist, unter bestimmten Bedingungen vom Bürger Geld zu fordern bzw. einzutreiben. Der offenkundige Unterschied zwischen Steuer und Geldstrafe besteht jedoch darin, daß im Fall der Steuer die Geldforderung mit keinerlei dem Staat unerwünschten Verhalten in Verbindung steht. Der Staat möchte den Bürger (durch die Forderung von Steuern) ja keineswegs vom Geldverdienen abhalten!

Wie aber kann man auf der Basis der Konzeption Kelsens vom Wesen einer Rechtsnorm diesem eklatanten Unterschied zwischen Geldstrafe und Steuer gerecht werden? Offenbar gar nicht. Denn auch im Fall der staatlichen Geldforderung nach einem Diebstahl gibt es für Kelsen ja nur die *eine* Art von Rechtsnorm, die den Amtsträger zur zwangsweisen Eintreibung dieser Geldforderung dem Bürger gegenüber anweist. Der Diebstahl selber ist nach dieser Konzeption, wie wir sahen, nichts anderes als die notwendige Bedingung, an die diese Anweisung geknüpft ist. Der Diebstahl als Bedingung des Strafübels steht also mit dem Geldverdienen als Bedingung des Steuerübels auf ein und derselben Stufe. Eine ziemlich absurde Konsequenz!

Die einzige Möglichkeit aber, dieser Konsequenz zu entgehen, besteht darin, im Fall des Diebstahls – anders als im Fall normalen Geldverdienens – neben der Rechtsnorm, die sich an den Amtsträger richtet, von der Existenz einer *weiteren* Rechtsnorm, die sich an den Bürger richtet, auszugehen und dementsprechend das Übel der vom Staat geforderten Geldzahlung in *diesem* Fall als eine Strafe und somit als eine echte *Sanktion* aufzufassen.

3. Rechtliche Ermächtigungsnormen

Eine weitere Alternative zu der oben vertretenen Auffassung vom Wesen der Rechtsnorm geht in gewissem Sinn in die entgegengesetzte Richtung wie die Auffassung Kelsens. Während Kelsen sämtliche Rechtsnormen, wie wir sahen, auf eine einzige Art des Zusammenhangs von Norm und staatlichem Zwangsakt reduzieren möchte, besagt die nun zu erörternde Alternative, daß es außer Rechtsnormen, die *Gebotsnormen* sind, noch einen ganz anderen Typ von Rechtsnormen gibt, in denen Zwangsakte überhaupt nicht vorkommen. Wir können diese Normen als *Ermächtigungsnormen* bezeichnen.

Es ist in diesem Zusammenhang notwendig, zwei Arten von Ermächtigungsnormen zu unterscheiden, die ich im folgenden als *generelle* bzw. als *interne* Ermächtigungsnormen bezeichnen werde. Während die generellen Ermächtigungsnormen jeden Bürger, also jedermann als Adressaten haben können, richten sich die internen Ermächtigungsnormen ausschließlich an Amtsträger als Adressaten. Wir wollen uns zunächst mit den generellen Ermächtigungsnormen befassen und die internen Ermächtigungnormen dann in Kapitel 4 (S. 30 ff.) behandeln.

Man betrachte das folgende Beispiel. Nach § 873 Bürgerliches Gesetzbuch ist ein Kaufvertrag über ein Grundstück nur dann rechtlich gültig, wenn die Vertragsparteien sich an ganz bestimmte Formvorschriften halten. Diese Bestimmung ist auf den ersten Blick gewiß eine Rechtsnorm. Wie aber ist sie in unsere obige Konzeption der Rechtsnorm einzuordnen? Offenbar richtet sie sich unmittelbar an den Bürger. Trotzdem scheint mit ihrer Beachtung kein staatlicher Zwangsakt, keine Sanktion verknüpft zu sein. Niemand wird durch diese Norm zu irgendetwas gegen seinen Willen gezwungen. So ist es mir als Grundstückseigentümer nicht nur vollkommen freigestellt, mein Grundstück *nicht* zu verkaufen. Es ist mir, was man nicht übersehen darf, ebenfalls durchaus freigestellt, eine Kaufvereinbarung zu schließen, die den in § 873 enthaltenen Formvorschriften *nicht* genügt! Im letzteren Fall muß ich lediglich die Konsequenz in Kauf nehmen, daß diese Vereinbarung nicht *rechtsgültig* ist. Ich stehe, nachdem ich – bei Abschluß der Vereinbarung – den § 873 Bürgerliches Gesetzbuch nicht beachtet habe, rechtlich betrachtet genauso da wie vorher. Nachdem ich jedoch im Vergleichsfall – durch die Begehung eines Diebstahls – den § 242 Strafgesetzbuch nicht beachtet habe, stehe ich keineswegs genauso da wie vorher!

Zwar mag die Tatsache, daß ich keinen rechtsgültigen Kaufvertrag geschlossen habe, unter Umständen ebenfalls ein Übel für mich sein. Dieses Übel ist aber mit dem Übel einer staatlichen Strafsanktion nicht auf eine Stufe zu stellen. Die Strafsanktion, die von jedem Betroffenen unter normalen Bedingungen als Übel angesehen wird, setzt der Staat bewußt als Übel ein. Das Übel aber, keinen rechtsgültigen Kaufvertrag über mein Grundstück zu besitzen, trifft mich überhaupt nur dann, wenn ich an einem solchen Vertrag auch wirklich interessiert bin. Sofern dies aber der Fall ist, hindert mich nichts daran, nachdem ich einen ungültigen Vertrag geschlossen habe, einen weiteren, diesmal gültigen Vertrag zu schließen. Es ist sogar denkbar, daß ich den zweiten Vertrag zu für mich günstigeren Bedingungen als den ersten schließen kann und deshalb über die Ungültigkeit des ersten Vertrages froh bin. All diese Umstände sind dabei dem Staat ganz gleichgültig.

Nach alledem haben wir es im Fall des § 873 also anscheinend mit einer Rechtsnorm zu tun, die in die oben vertretene Konzeption der Rechtsnorm nicht paßt. H. L. A. Hart, der diese Auffassung in der Tat vertritt, spricht in diesem Fall von einer Rechtsnorm, die dem Bürger, anstatt ihm einen staatlichen Zwangsakt in Aussicht zu stellen, die Ermächtigung oder Befugnis zur *Änderung* seines rechtlichen Status einräumt: Dadurch daß der Bürger einen rechtsgültigen Vertrag schließt, kann er sich bestimmte rechtliche Ansprüche (etwa auf Zahlung eines bestimmten Geldbetrages) verschaffen. (Ausführlich Hart I, S. 37 ff.)

Es ist leicht zu sehen, daß eine Rechtsordnung üblicherweise noch zahlreiche weitere Bestimmungen enthält, die eine ganz ähnliche Funktion wie § 873 erfüllen. Man denke etwa an die Formvorschriften zur Eingehung einer gültigen Ehe oder an die Formvorschriften zur Errichtung eines gültigen Testaments. Auch sind die festgelegten Bedingungen nicht immer ausschließlich formaler Art; sie können auch wesentliche inhaltliche Voraussetzungen betreffen. So kann zum Beispiel nach deutschem Recht eine Person unter sechzehn Jahren kein gültiges Testament errichten; und niemand kann eine gültige Ehe mit einem seiner Geschwister schließen.

In all solchen Fällen wird durch die betreffende Norm dem Bürger die Möglichkeit gegeben, unter bestimmten Bedingungen die bestehende Rechtslage zu verändern. Er kann sich selber bzw. einem anderen Menschen, der etwa sein Ehegatte oder sein Erbe wird, eine im Vergleich zur Ausgangssituation *neue Rechtsposition* verschaffen. Sollten wir also nicht, wie Hart meint, neben den beiden oben vorgestellten Typen von Rechtsnormen, die beide in einem engen Zusammenhang mit staatlichen Zwangsakten stehen, in unsere rechtstheoretische Konzeption vom Wesen einer Rechtsnorm als weiteren Typ die *generelle Ermächtigungsnorm* aufnehmen, in der staatliche Zwangsakte keine Rolle spielen? Diese Folgerung ist möglich, aber, wie mir scheint, durchaus nicht zwingend.

Angenommen, ich will in eine andere Stadt ziehen und schließe deshalb mit einem Freund eine formlose Vereinbarung, wonach er in einigen Monaten gegen Zahlung einer bestimmten Geldsumme Eigentümer meines Schrebergartens wird. Diese Vereinbarung ist zwar mit Rücksicht auf den oben angeführten § 873 nicht *rechtsgültig*. Trotzdem ist sie im Sinn eines gegenseitigen Versprechens für uns durchaus *moralisch* bindend. Unter diesen Umständen können wir im weiteren wie folgt vorgehen: Entweder wir belassen es – im gegenseitigen Vertrauen auf unsere moralische Integrität – bis zum formellen Akt der Eigentumsübertragung bei der formlosen Vereinbarung. Oder aber wir schließen zusätzlich miteinander einen Vertrag, der den Anforderungen des § 873 Genüge tut.

Worin liegt nun aber, genau genommen, der Unterschied zwischen den beiden Vorgehensweisen? Offenbar liegt er allein in folgendem: Wenn wir zusätzlich einen rechtsgültigen Vertrag schließen, so hat jeder von uns – zusätzlich zu seinem moralischen Anspruch auf Einhaltung der Vereinbarung – auch einen diesbezüglichen Rechtsanspruch, der notfalls auf dem Weg der juristischen Klage durchsetzbar ist. Worin aber besteht, so betrachtet, die Funktion der Vorschrift des § 873? Sie besteht ausschließlich darin, notwendige *Voraussetzungen* festzulegen, unter denen jeder der beiden Vertragspartner einen staatlichen Zwangsakt dem anderen gegenüber auslösen oder in Gang setzen kann!

Daraus aber können wir schließen: Die Vorschrift des § 873 ist bei realistischer Betrachtung eine nur *scheinbar* selbständige Vorschrift. In ihrer tatsächlichen Funktion stellt sie lediglich einen *unselbständigen* Teil einer anderen Vorschrift dar, die ihrerseits durchaus einen staatlichen Zwangsakt vorsieht. Denn welche weitere Bedeutung als die der Verknüpfung einer moralisch bindenden Vereinbarung mit möglichen Zwangsakten oder Sanktionen könnte die Beachtung der Vorschrift des § 873 sonst noch haben?

Die Lage ist in diesem Fall im Grunde dieselbe wie in dem ganz simplen Fall, in dem der Käufer irgendeiner Ware durch eine Rechtsnorm unter Androhung eines Zwangsaktes angehalten wird, den vereinbarten Kaufpreis zu zahlen (vgl. S. 12). Auch hier setzt diese Rechtsnorm für ihre Anwendung ja voraus, daß überhaupt ein rechtsgültiger Kaufvertrag vorliegt. Der Unterschied zwischen den beiden Fällen liegt allein darin, daß im zweiten Fall die Voraussetzungen eines rechtsgültigen Kaufvertrages sich ohne weiteres aus den näheren Umständen der mündlichen Vereinbarung bzw. aus der sogenannten «Verkehrssitte» ergeben, während im Fall des Grundstückskaufes eine eigens formulierte Gesetzesvorschrift die Schriftform und noch weitere Bedingungen zur Voraussetzung eines gültigen Vertrages macht.

Ganz entsprechend wie § 873 lassen sich aber auch alle übrigen Vorschriften verstehen, die dem Bürger die Möglichkeit zur Änderung seines rechtlichen Status geben. Auch diese Vorschriften haben innerhalb einer Rechtsordnung keinen eigenen Stellenwert, sondern legen notwendige Bedingungen für die Anwendung einer eigentlichen Rechtsnorm fest, die mit einem Zwangsakt in Zusammenhang steht. So kann beispielsweise der durch ein gültiges Testament eingesetzte Erbe gegen den Besitzer eines zur Erbmasse gehörenden Bildes die Herausgabe des Bildes erzwingen. Und der rechtsgültig Verheiratete kann seinen Ehepartner auf Unterhalt verklagen sowie unter Umständen dem Staat gegenüber seine Steuerschuld mindern.

Nach alledem kann man meines Erachtens die generellen Ermächtigungsnormen ohne Bedenken als *unselbständige* Rechtsnormen bezeichnen. Wichtiger als die Entscheidung dieser terminologischen Frage ist jedoch, daß man die wahre Funktion der generellen Ermächtigungsnormen erkennt: 1. Sie sind ihrerseits keine Gebotsnormen und *unmittelbar* mit keinem Zwangsakt verknüpft. 2. Sie haben trotzdem für ihre Adressaten eine wichtige Bedeutung, da sie diesen die Befugnis verleihen, ihren rechtlichen Status zu ändern. 3. Ihre entscheidende rechtliche Relevanz gewinnen sie durch auf sie verweisende Gebotsnormen, was dazu führt, daß sie, die (unselbständigen) Ermächtigungsnormen, durch diese (selbständigen) Gebotsnormen auf *indirekte* Weise ebenfalls mit einem Zwangsakt verknüpft sind.

4. Das Fundament der Rechtsordnung

Nach unseren bisherigen Überlegungen können wir an der Begriffs-
bestimmung einer Rechtsnorm (verstanden im Sinn einer *selbständigen* Rechtsnorm) als einer Norm, die mit einem staatlichen
Zwangsakt in Zusammenhang steht, festhalten. Diese Begriffs-
bestimmung ist aber, wie sich nun zeigen wird, in hohem Maß erläuterungsbedürftig. Denn sie setzt offenbar voraus, daß wir bereits
einen Begriff davon haben, was der *Staat* ist, der nach dieser Be-
griffsbestimmung die betreffenden Zwangsakte durch seine Amtsträger androhen sowie vollstrecken läßt. Was aber ist der Staat?

Wodurch unterscheidet sich der Staat insbesondere von einem
Räuber, der mit vorgehaltener Pistole einen Bankbeamten zur
Herausgabe des in seinem Besitz befindlichen Geldes zwingen will,
der also ebenfalls einen physischen Zwangsakt androht bzw. voll-
streckt? Wie wir schon sahen (S. 13), sind realistisch betrachtet auch
die Amtsträger, die die physischen Zwangsakte des Staates setzen,
ja nur Menschen. Was also unterscheidet den Zwangsakt eines staatlichen Amtsträgers vom Zwangsakt eines Räubers?

Eine erste Antwort auf diese Frage fällt nicht schwer: Offenbar gibt es *Rechtsnormen*, die den staatlichen Amtsträger als solchen definieren und außerdem zu dem betreffenden staatlichen
Zwangsakt legitimieren. (Nicht jeder Amtsträger darf bekanntlich
jeden beliebigen staatlichen Zwangsakt setzen.) Wir sahen ja bereits, daß Rechtsnormen unter anderem in der Weise mit staatlichen
Zwangsakten verbunden sein können, daß sie bestimmte Personen
zur Setzung solcher Zwangsakte anweisen. So gibt es beispielsweise Rechtsnormen, die ganz bestimmte Personen etwa anweisen,
Steuern einzutreiben, Straftäter zu verurteilen oder verurteilte Straftäter einzusperren. Was aber macht diese Rechtsnormen zu Rechtsnormen? Nun, offenbar sind diese Rechtsnormen von gewissen,

wieder anderen Amtsträgern erlassen, nämlich etwa von den Mitgliedern des Parlaments, der sogenannten staatlichen Legislative. Dies trifft jedenfalls auf all jene Rechtsnormen zu, die gesetzesrechtlicher Natur sind. (Zum abweichenden Charakter des Gewohnheitsrechts siehe unten S. 72 ff.) Wenn im folgenden von gewöhnlichen Rechtsnormen nicht-verfassungsrechtlicher Natur die Rede ist, so sind damit in der Regel Rechtsnormen des Gesetzesrechts gemeint.

Wer aber bestimmt, welche Person bzw. welche Personen die staatliche Legislative bilden? Offenbar wird auch dies wiederum von Rechtsnormen bestimmt – und zwar von Rechtsnormen einer enorm weitreichenden Art, die nach üblichem Sprachgebrauch die (geschriebene oder ungeschriebene) *Verfassung* eines Staates bilden. Die Normen einer Rechtsordnung sind, so gesehen, sämtlich Teile eines *Stufenbaus* mit Elementen höheren und Elementen niederen Ranges. (Ebenso ausführlich wie erhellend zum Stufenbau der Rechtsordnung Kelsen I, S. 228 ff.) Der staatlichen Verfassung aber kommt in diesem Stufenbau insofern eine besondere Bedeutung zu, als die in ihr enthaltenen Rechtsnormen die Normen der *höchsten* Stufe sind, die letztlich die Voraussetzungen für den gültigen Erlaß *aller anderen* Rechtsnormen festlegen. Es sind die Rechtsnormen der Verfassung, die das eigentliche Fundament der gesamten staatlich-rechtlichen Zwangsordnung darstellen. In diesem Zusammenhang stellen sich die beiden folgenden Fragen.

1. Worin besteht der Rechtscharakter der *Verfassungsnormen*? Offensichtlich basieren nicht auch die Verfassungsnormen ihrerseits wiederum auf Rechtsnormen einer höheren Stufe. Denn erstens sind solche höheren Rechtsnormen in der Realität nicht auffindbar; und zweitens müssen wir in jedem Fall unsere Suche nach immer höheren Gültigkeitsbedingungen des Rechts schon deshalb an *irgendeinem* Punkt abbrechen, weil eine solche Suche sonst in einen unendlichen Regreß führt. Was also macht den Rechtscharakter der Verfassungsnormen aus, die als höchste, nicht weiter ableitbare Rechtsnormen die notwendige Basis aller weiteren, abgeleiteten Rechtsnormen bilden und dadurch die Gesamtheit der Rechtsnormen eines Staates erst zu dem machen, was wir als eine zusammenhängende, einheitliche *Rechtsordnung* bezeichnen können?

2. Wodurch unterscheiden sich diese Verfassungsnormen insbesondere von solchen Normen, die die höchste Normsetzungsbefugnis etwa innerhalb einer hierarchisch strukturierten Mafiaorganisation definieren? Auch hier gibt es ja offenbar ganz bestimmte Personen, die – ähnlich den Mitgliedern einer staatlichen Legislative – aufgrund bestimmter (geschriebener oder ungeschriebener) Normen zum Erlaß der gewöhnlichen Normen, die sich an die einfachen Mitglieder der Organisation (die «Amtsträger») bzw. an die Bevölkerung richten, legitimiert sind. Trotzdem sind wir kaum gewillt, die Normenordnung einer Mafiaorganisation als eine Rechtsordnung anzusehen. Warum nicht?

Zu 1. Wieso sind die Verfassungsnormen, denen alle weiteren, abgeleiteten Normen ihre Eigenschaft als Rechtsnormen verdanken, auch ihrerseits echte Rechtsnormen, obschon ihr eigener Rechtscharakter offenbar *nicht* darauf beruhen kann, daß auch sie aus weiteren, höherrangigen Normen ableitbar sind? Die Antwort auf diese Frage erfordert einiges Nachdenken.

Zunächst einmal können wir feststellen, daß es de facto bestimmte Personen gibt, die typische Rechtsnormen in Form von Gesetzen erlassen und sich dabei an den Verfassungsnormen orientieren. Diese Personen werden nicht nur zu ihrer Tätigkeit durch die Verfassung ausdrücklich ermächtigt; sie beachten auch regelmäßig die Voraussetzungen, die die Verfassung für den Erlaß von Gesetzen vorsieht. Wieso nun bilden die betreffenden Normen, an die diese Personen sich regelmäßig halten, die *Verfassung einer Rechtsordnung*?

Angenommen, die Mitglieder einer politischen Reformpartei beschließen auf einem Parteitag für ihr Land eine «neue, bessere Verfassung». Offenbar gewinnt dadurch weder diese «Verfassung» Rechtscharakter, noch sind die eventuell im Einklang mit ihr erlassenen Normen Rechtsnormen. Denn zweifellos läßt dieses Szenarium ein entscheidendes Element dessen, was eine Rechtsordnung und ihre Verfassung ausmacht, vermissen. Worin besteht dies Element?

Wir sahen oben (S. 12 ff.), daß Rechtsnormen, wie wir sie typischerweise aus dem Alltag kennen, in einem engen Zusammenhang mit physischen Zwangsakten, insbesondere mit Sanktionen stehen:

Entweder der Bürger wird zu einem bestimmten Verhalten unter Androhung von Zwang aufgefordert; oder der Amtsträger wird zur Setzung eines Zwangsaktes dem Bürger gegenüber angewiesen. Dabei hat eine rechtliche Zwangsandrohung den Bürgern gegenüber natürlich nur dann Aussicht auf Erfolg, wenn die Amtsträger den betreffenden, an *sie* gerichteten Anweisungen auch wirklich – jedenfalls in der Regel – nachkommen. Warum aber kommen die Amtsträger diesen Anweisungen in der Realität tatsächlich nach?

Wie an der Stelle, auf die verwiesen wurde, schon gesagt, ist eine Rechtsnorm, die sich an einen Amtsträger als Adressaten richtet, nicht notwendig in der Weise mit einer Sanktion verbunden, daß dem Amtsträger für *seine* eventuelle Normverletzung – nicht anders als im entsprechenden Fall dem Bürger – ebenfalls eine Sanktion droht. Der notwendige Zusammenhang zwischen Rechtsnorm und Zwangsakt besteht bei einer derartigen Rechtsnorm einfach darin, daß ihr Normadressat aufgefordert wird, einen Zwangsakt – dem Bürger gegenüber – zu *setzen*. Wieso aber kann man im Rahmen einer Rechtsordnung davon ausgehen, daß die Amtsträger sich ohne weiteres verfassungsgemäß verhalten, das heißt, daß sie den ihnen im Einklang mit der Verfassung auferlegten Pflichten zur Setzung von Zwangsakten auch *ohne* Furcht vor rechtlichen Sanktionen regelmäßig nachkommen?

Es ist die Antwort auf diese Frage, die den Schlüssel bildet zum Verständnis der Verfassung als des Fundaments der Rechtsordnung. Die Antwort lautet: Die Amtsträger (zumindest zahlreiche Amtsträger in führenden Positionen) verhalten sich deshalb gemäß der Verfassung, weil sie diese als Fundament der eigenen Rechtsordnung aus Überzeugung *akzeptieren*. Damit ist näherhin gemeint: Die Amtsträger identifizieren sich aus freien Stücken mit der Verfassung, sie erkennen die Verfassung freiwillig an und betrachten die im Einklang mit ihr erlassenen, an sie gerichteten Normen ohne weiteres als einen ausreichenden, kategorischen Grund für ein entsprechendes Handeln, ohne eines weiteren Grundes für ein solches Handeln – etwa der Furcht vor drohenden Sanktionen – noch zu bedürfen. (Ausführlicher zur Akzeptanz von Normen jeder Art Hoerster I, S. 50 ff. sowie zur Akzeptanz speziell von Ermächtigungsnormen unten S. 58).

Der Rechtscharakter der Verfassungsnormen liegt nach alledem genau darin, daß es sich dabei um jene Normen handelt, die von den Personen, die diesen Normen zufolge zur Setzung von Zwangsakten dem Bürger gegenüber aufgefordert sind, auch tatsächlich akzeptiert und regelmäßig befolgt werden. Nur durch die Akzeptanz der höchsten Normen einer Rechtsordnung seitens der betreffenden, durch diese Normen eingesetzten Amtsträger können diese Normen selbst und damit auch die aus ihnen abgeleiteten, gewöhnlichen Normen zu Normen einer einheitlichen Rechtsordnung und damit zu Rechtsnormen werden. Während alle übrigen Rechtsnormen dabei in der Verfassung gründen, gründen die Rechtsnormen der Verfassung in nichts anderem als in einer Einstellung der Akzeptanz seitens der betreffenden Amtsträger. *Die Akzeptanz der Verfassung durch die Zwangsakte setzenden Amtsträger ist die letzte normative Basis von Staat und Rechtsordnung.*

Zu 2. Das Beispiel der Mafiaorganisation macht jedoch sehr deutlich, daß diese Akzeptanz der Verfassung durch die betreffenden Amtsträger *allein* zur Konstitution einer Rechtsordnung nicht ausreicht. Denn wir müssen ja eine Antwort auf die Frage finden, warum nicht etwa auch die von den Funktionären einer solchen Organisation akzeptierten höchsten Normen – quasi als Verfassungsnormen dieser Organisation – die Basis einer echten *Rechtsordnung* bilden. Sämtliche von uns bisher als wesentlich für die Existenz von Rechtsnormen genannten Elemente scheinen durchaus auch im Fall der Mafiaorganisation – jedenfalls sofern sie einigermaßen effizient ist – vorzuliegen. (Der Leser möge diese Behauptung anhand der obigen Ausführungen dieses Kapitels im einzelnen überprüfen.) Wodurch also unterscheidet sich eine Rechtsordnung bzw. ein Staat von einer Mafiaorganisation?

Mancher Leser wird vielleicht meinen, daß die Antwort Bezug nehmen müsse auf die offenkundige *Unmoral* der Mafiaorganisation und ihrer Normen. Doch diese Antwort ist kaum plausibel, wenn wir bedenken, daß es in der Welt nicht wenige Staaten bzw. Regierungssysteme gibt, die zwar nicht im engeren Sinn als Mafiasysteme bezeichnet werden können, im Kern jedoch nicht weniger unmoralisch als derartige Systeme sind und trotzdem als staatliche Rechtsordnungen betrachtet werden sowie internationale Anerkennung finden. Ich werde auf die hier angesprochene Problematik in Kapitel 8 noch ausführlich zu sprechen kommen und in dem Zusammenhang für einen Rechtsbegriff plädieren, der moralisch vollkommen neutral ist. Das gesuchte Element zur Unterscheidung eines Staates bzw. einer Rechtsordnung von einer Mafiaorganisation ist in der Tat kein Element moralischer Natur. Es ist ein Element der reinen *Macht*.

Der Grund hierfür ist folgender. Als ein Staat bzw. als eine Rechtsordnung kommt nach allgemeinem Sprachgebrauch nur eine solche Organisation in Betracht, die innerhalb eines bestimmten, abgegrenzten Gebietes de facto souverän ist oder ein Gewaltmonopol besitzt, das heißt die im Fall des Konflikts mit konkurrierenden Organisationen, Gruppen oder Individuen innerhalb dieses Gebiets *ihre physischen Zwangsakte in aller Regel wirklich durchsetzt*. Mit anderen Worten: Eine Rechtsordnung muß auf dem betreffenden Gebiet – ihrem Staatsgebiet – jedenfalls im großen und ganzen sozial wirksam sein oder *Wirksamkeit* besitzen.

Diese Bedingung ist im Fall einer gewöhnlichen Mafiaorganisation nicht erfüllt; denn in einem offenen Machtkonflikt unterliegen die Mitglieder einer solchen Organisation normalerweise den betreffenden Amtsträgern und ihrem Zwangsapparat. Sollte sich jedoch in einem bestimmten Landesteil (zum Beispiel in Sizilien) – etwa durch eine Unterwanderung der regionalen staatlichen Stellen durch die Mafia – in den meisten Rechtsbereichen im Lauf der Zeit das Gegenteil herausstellen, so hätten wir es von einem gewissen Punkt dieser Entwicklung an in diesem Landesteil eben wirklich mit einer *neuen Rechtsordnung*, nämlich einem eigenständigen Mafiastaat zu tun.

Aus dem Gesagten ergibt sich auch: Die in einem *totalitären* Staat herrschende Rechtsordnung verliert ihren Charakter als Rechtsordnung nicht etwa schon dadurch, daß eine Gruppe von politischen Dissidenten auf dem Papier eine demokratische Verfassung entwirft und einen Umsturz plant. In diesem Fall nicht anders als im Fall der Mafiaorganisation kommt es allein auf die in der betreffenden historischen Situation tatsächlich herrschenden Verhältnisse, das heißt auf die auf der erfolgreichen Setzung physischer Zwangsakte beruhende *wirksame* Normenordnung an.

Es müssen also beide oben genannten Bedingungen erfüllt sein, damit wir realistischerweise von einer Rechtsordnung sprechen können: Die betreffende Normenordnung mit ihren physischen Zwangsakten muß sich auf einem bestimmten Gebiet durchgesetzt, also als wirksam erwiesen haben. Und diejenigen, die tatsächlich die betreffenden Zwangsakte anordnen bzw. verhängen, die also die Macht in Händen haben bzw. ausüben, müssen sich dabei an gewisse höchste Normen – Verfassungsnormen – halten, die ihnen die Befugnis, Zwangsakte zu setzen, verleihen.

Das ausschlaggebende Erfordernis einer Rechtsordnung ist dabei ohne Zweifel das faktische Erfordernis der *Wirksamkeit*. Trotzdem wäre es falsch, anzunehmen, das normative Erfordernis der *Akzeptanz* – der Akzeptanz der Verfassung durch die die Zwangsakte setzenden Personen – sei eventuell verzichtbar. Es ist zentral für das richtige Verständnis einer Rechtsordnung, zu erkennen, warum diese Annahme falsch wäre. (Zum folgenden siehe ausführlich Hart I, Kap. VI.)

Der Grund ist dieser. Eine wirksame Rechtsordnung kann es in der Realität überhaupt nicht geben, ohne daß gleichzeitig die genannte Form der Akzeptanz vorhanden ist. Denn kein Staatslenker und kein Gesetzgeber – gleichgültig in welcher Art von politischem System – kann die erfolgreiche Ausführung seiner Anordnungen in einer stabilen Ordnung sicherstellen, wenn nicht ein beträchtlicher Teil der von ihm eingesetzten Amtsträger aufgrund einer freiwilligen Akzeptanz seiner Autorität diese Anordnungen befolgt bzw. dem Bürger gegenüber durchsetzt.

Dies trifft auf eine Diktatur nicht weniger als auf eine Demokratie zu. Auch ein Adolf Hitler hätte die von ihm verkörperte Staats- bzw. Rechtsordnung nicht über Jahre erfolgreich aufrechterhalten können, wenn an den Hebeln der Macht nicht weitgehend Personen gesessen hätten, die ihm loyal ergeben waren. Zwar kann ein Diktator unter Umständen erfolgreich gegen den Willen der großen Mehrheit der *Bevölkerung* regieren. Kein einzelner Mensch, also auch kein Diktator, ist jedoch von der Natur so ausgestattet, daß er auf Dauer gegen den Willen der großen Mehrheit jener Mitglieder seines Rechts- und Verwaltungsstabs regieren kann, von denen er wünscht, daß sie seine Anordnungen innerhalb des Systems in die

Praxis umsetzen und die entsprechenden Zwangsakte der Bevölkerung gegenüber täglich von neuem zur Wirkung bringen.

Jene Amtsträger, die die Zwangsakte der Rechtsordnung den Bürgern gegenüber zu setzen (also anzuordnen bzw. zu vollstrecken) haben, können dies ihrerseits nicht alle oder fast alle auf Dauer ausschließlich aus Furcht vor staatlichen Sanktionen tun. Denn wer bliebe unter dieser Voraussetzung übrig, solche Sanktionen gegenüber diesen Amtsträgern zu setzen? Der Diktator selber wäre mit dieser Aufgabe aus offenkundigen Gründen mehr als überfordert. Zwar kann die Haltung der Amtsträger, bei ihrer Tätigkeit gewisse Normen zu befolgen, durchaus auch durch finanzielle oder sonstige Vorteile motiviert sein. Doch kein Herrscher kann sich die Loyalität seiner Amtsträger stets von neuem sogar *gegen* ihre eigentliche Überzeugung erkaufen; es wäre ihnen, die realiter ja die Macht in Händen halten, ein Leichtes, ihn zu enteignen und abzusetzen.

An dieser Stelle wird übrigens deutlich, warum es innerhalb einer funktionierenden Rechtsordnung durchaus verzichtbar ist, daß auch jene Rechtsnormen, deren Adressaten Amtsträger sind, ausnahmslos mit der Androhung von Sanktionen für den Fall der Nichtbefolgung verbunden werden (siehe oben S. 13). Denn wenn jemand eine bestimmte Norm *akzeptiert*, dann wird er diese Norm eben in aller Regel auch unabhängig von drohenden Sanktionen befolgen.

Inwieweit im Rahmen einer bestehenden Rechtsordnung auch die einfachen Bürger die Verfassung dieser Rechtsordnung akzeptieren und insofern freiwillig «mitspielen», ist in jedem Fall eine offene Frage und hängt von vielerlei Faktoren ab. Von zentraler Bedeutung ist in diesem Zusammenhang natürlich die nähere Ausgestaltung des politischen Systems, das mit dieser Rechtsordnung und ihrer Verfassung einhergeht. Das bedeutet nicht notwendig, daß insoweit ein *demokratisches* System die besten Chancen auf Akzeptanz hat. Es bedeutet lediglich, daß zur Erreichung dieses Zieles zwischen dem System und den Vorstellungen und Idealen breiter Bevölkerungsschichten eine weitgehende Harmonie bestehen muß.

Ausführlicher eingehen müssen wir an dieser Stelle noch auf einen besonderen Typ von Rechtsnormen, der vor allem im Verfassungsbereich von Rechtsordnungen eine wichtige Rolle spielt. Gemeint sind die *internen Ermächtigungsnormen*. Während die in Kapitel 3 behandelten *generellen* Ermächtigungsnormen jeden Bürger zum Adressaten haben können, richten sich die internen Ermächtigungsnormen ausschließlich an Amtsträger. Das beste Beispiel für diese Art von Rechtsnormen stellen dabei jene Normen der Verfassung dar, die Kompetenzen und Funktionsweise der gesetzgebenden Gewalt regeln und auf diese Weise bestimmten Personen unter bestimmten Bedingungen die Befugnis zum Erlaß (sowie zur Aufhebung und Änderung) von Gesetzen geben.

Ganz generell gesprochen, legen die internen Ermächtigungsnormen die Voraussetzungen fest, unter denen eine Rechtsnorm niederen Ranges – als gültige Norm innerhalb der Rechtsordnung – zustandekommt. Insofern ist es durchaus möglich, daß Normen, die in der Vergangenheit im Einklang mit der damaligen Verfassung erlassen wurden, von der neuen, inhaltlich andersartigen Verfassung als gültig übernommen werden. Auch kann es der Fall sein, daß eine Verfassung etwa solche Normen als gültig in die Rechtsordnung aufnimmt, die überhaupt nicht auf staatliche Amtsträger zurückgehen, sondern die identisch mit bestimmten normativen Prinzipien oder mit gewissen moralischen Einstellungen der Bevölkerung sind. Nicht jede Rechtsnorm niederen Ranges muß per se eine von einer staatlichen Autorität erlassene Norm sein.

Eine Rechtsnorm niederen Ranges kann entweder eine Gebotsnorm oder wiederum eine Ermächtigungsnorm sein. Eine Norm der letzteren Art kann etwa Amtsträger wie Richter oder Polizeibeamte ermächtigen, Individualnormen gegenüber einzelnen Adressaten zu erlassen. Am unteren Ende einer Kette von Ermächtigungsnormen steht jedoch stets eine Ermächtigungsnorm, die ihrerseits zum Erlaß einer *Gebotsnorm* ermächtigt. Denn jede interne Ermächtigungsnorm – einschließlich der Verfassungsnormen – hat letztlich nur den einen Sinn, innerhalb der betreffenden Rechtsordnung den Erlaß von gültigen Gebotsnormen zu ermöglichen. Eine bloße *Ermächtigung* eines Amtsträgers, Zwang auszuüben, ist, sofern sie sich in einer Rechtsnorm findet, in Wahrheit nichts anderes als eine entsprechende *Erlaubnis*, die als Ausnahme von einem bestehenden *generellen Verbot* der Zwangsausübung zu verstehen ist.

Wie passen die internen Ermächtigungsnormen in unsere bisherige Konzeption der Rechtsnorm? Ganz offensichtlich enthalten diese Normen – ebenso wie die schon behandelten generellen Ermächtigungsnormen an die Adresse der Bürger – als solche keinerlei Gebote: Sie gebieten etwa den Mitgliedern der Legislative weder, überhaupt irgendein Gesetz zu erlassen, noch gebieten sie ihnen, im Fall des Tätigwerdens ein *gültiges* Gesetz zu erlassen. Sie legen lediglich fest, von wem auf welche Weise ein gültiges Gesetz erlassen werden *kann*. Mit anderen Worten, sie sagen bloß: «Ein Gesetz, das innerhalb dieser Rechtsordnung Gültigkeit haben soll, muß so und so zustandekommen». Daß Ermächtigungsnormen unter Umständen allerdings mit inhaltlich identischen, an dieselben Adressaten gerichteten Gebotsnormen verknüpft sein können, werden wir noch sehen (S. 58 f.).

Man könnte zunächst meinen, daß derartige Ermächtigungsnormen sich nach alledem von den oben genannten generellen Ermächtigungsnormen nicht wesentlich unterscheiden. Nicht anders als den Bürgern, so könne die Rechtsordnung eben auch den Amtsträgern die Möglichkeit einräumen, neues Recht zu schaffen bzw. bestehendes Recht zu modifizieren oder näher auszugestalten. Trotz dieser anscheinenden Ähnlichkeit zeigen sich bei näherem Zusehen jedoch gewaltige Unterschiede zwischen den beiden Arten von Ermächtigungsnormen.

Zunächst einmal: Die *generellen* Ermächtigungsnormen geben ihren Adressaten – den Bürgern – keineswegs die Möglichkeit, neue Rechtspflichten für *andere*, wie sie mit Gebotsnormen verbunden sind, eigenmächtig zu kreieren. So benötigt man zum Abschluß eines rechtsgültigen Vertrages mit beiderseitigen Pflichten die Zustimmung seines Partners. Und selbst unter dieser Voraussetzung kommt es zur Rechtspflicht der Vertragserfüllung seitens des Partners ja nur deshalb, weil eine entsprechende staatliche Gebotsnorm bereits besteht! Der Bürger kann aufgrund einer generellen Ermächtigungsnorm niemals selbst eine Gebotsnorm erlassen.

Die *internen* Ermächtigungsnormen dagegen geben ihren Adressaten durchaus die Möglichkeit, neue Rechtspflichten für *andere* – ja unter Umständen für jedermann – eigenmächtig zu kreieren, nämlich durch den Erlaß neuer, bislang nicht existenter Gebotsnormen. Die mit einer internen Ermächtigungsnorm verbundene Ermächtigung ist also in ihrer sozialen Wirkung ungleich weitergehend als die mit einer generellen Ermächtigungsnorm verbundene Ermächtigung. Der durch die erstgenannte Norm Ermächtigte kann ohne weiteres andere auch ohne deren Zustimmung mit einem Zwangsakt bedrohen und so zu einer Ursache für eine rechtsgültige Vollstreckung physischer Zwangsakte anderen gegenüber werden. Ihn trifft in seiner Eigenschaft als Normadressat der betreffenden Ermächtigungsnorm insofern eine ganz spezielle, einzigartige Verantwortung!

Weit wichtiger aber ist noch der folgende Punkt: Jede interne Ermächtigungsnorm ist potentiell gleichbedeutend mit einer *mittelbaren Gebotsnorm*. Und zwar richtet sich diese mittelbare Gebotsnorm nicht etwa an den Adressaten der Ermächtigungsnorm. Sie richtet sich vielmehr an den bzw. die potentiellen Adressaten jener unmittelbaren Gebotsnorm, zu deren Erlaß ermächtigt wird. Denn jeder, der eine interne Ermächtigung erteilt, autorisiert damit ja automatisch deren Adressaten (bzw. die Adressaten von weiteren im Einklang mit dieser Ermächtigung erteilten Ermächtigungen niederer Stufe), *in seinem Namen* eine Gebotsnorm zu erlassen. Das bedeutet zwar nicht, daß der so Ermächtigte eine solche Gebotsnorm auch erlassen *soll* oder tatsächlich erlassen *wird*. Es bedeutet aber, daß, *falls* er eine solche Gebotsnorm erläßt, der Adressat dieser Gebotsnorm sie – jedenfalls *auch* – zu betrachten und zu beachten hat wie eine unmittelbar von dem Urheber der Ermächtigungsnorm selbst erlassene Gebotsnorm; diese Gebotsnorm hat in Wahrheit also nicht nur einen, sondern zwei Urheber. Mit anderen Worten: Dadurch daß der Urheber der Ermächtigungsnorm ihrem Adressaten die Macht einräumt, eine Gebotsnorm zu erlassen, erläßt er seinerseits dem potentiellen Adressaten dieser Gebotsnorm gegenüber – mittelbar sowie bedingt durch den tatsächlichen Erlaß einer Gebotsnorm – eben diese Gebotsnorm.

Die von U an X gerichtete Ermächtigungsnorm ist also im Grunde eine (mittelbare und bedingte) an Y gerichtete Gebotsnorm. Eine Ermächtigungsnorm beinhaltet somit keinerlei «Sollen» an ihren Adressaten X; es ist ja nicht der Fall, daß X überhaupt eine Gebotsnorm erlassen soll. Das «Sollen» richtet sich allein an den Adressaten der (eventuellen) Gebotsnorm, Y. Der Adressat der Ermächtigungs-norm, X, wird keineswegs zu irgendetwas *aufgefordert*. Er wird lediglich darüber *informiert*, daß er, falls er eine Gebotsnorm im Namen von U erlassen möchte, dies allein in der in der Ermächti-gungsnorm festgelegten Weise erfolgreich tun kann.

Daraus darf man folgern: Die interne Ermächtigungsnorm ist als solche, wie sie sich an ihren unmittelbaren Adressaten richtet, überhaupt keine echte Norm, keine Verhaltensaufforderung (vgl. S. 10 f.). Sie regelt lediglich die Voraussetzung, unter der bestimmte Normen – und zwar echte Normen, das heißt Gebotsnormen – innerhalb der Rechtsordnung entstehen können. Sie ist insofern ein notwendiger, aber unselbständiger Bestandteil dieser Gebots-normen.

Nach alledem können wir abschließend zum Charakter der so-genannten Ermächtigungsnormen feststellen: Zwar verleihen die internen Ermächtigungsnormen, die sich an die Amtsträger richten, ihren Adressaten eine ungleich größere und weiterreichende *Macht* als die generellen Ermächtigungsnormen, die sich an die Bürger richten. Trotzdem stellen sich beide Typen von Ermächtigungen aus der Perspektive des Bürgers, dem die Rechtsordnung als Zwangsord-nung gegenübertritt, letztlich in gleicher Weise dar: als unselbstän-dige Voraussetzungen für die Existenz bestimmter an sie gerichteter Gebotsnormen. Ohne diese Gebotsnormen bleiben die sogenann-ten Ermächtigungsnormen ohne rechtliche Konsequenzen.

Da Ermächtigungen als solche keine Normen im Sinn von Ver-haltensaufforderungen sind, wäre es eigentlich terminologisch vor-zuziehen, die betreffenden Ermächtigungs*regelungen* in der Rechts-ordnung gar nicht als Ermächtigungs*normen* zu bezeichnen. Es gibt jedoch einen eingebürgerten juristischen Sprachgebrauch, wonach jeder eigene Gesetzesparagraph gleichzeitig als «Rechtsnorm» be-zeichnet wird. Auch wenn wir im folgenden an diesem Sprach-gebrauch festhalten, wollen wir uns dessen bewußt bleiben, daß es im Recht «Ermächtigungsnormen», also Rechtsnormen gibt, die keine eigentlichen Normen im Sinne von Verhaltensaufforderungen oder Gebotsnormen sind. Insofern wollen wir ausdrücklich zwi-schen einem engeren Normbegriff und einem weiteren Normbegriff, wie er insbesondere unter Juristen üblich ist, unterscheiden.

Schließlich noch einige zusammenfassende Bemerkungen zum Begriff der *Verfassung* als des Fundamentes einer rechtlichen Zwangsordnung. Die Verfassung ist der Inbegriff jener höchsten Rechtsnormen eines Staates, denen insbesondere alle autoritativ erlassenen, niederen Rechtsnormen dieses Staates ihre Existenz als Rechtsnormen verdanken. Sie basiert, wie wir sahen, auf ihrer Akzeptanz durch diejenigen Personen, die in einem bestimmten Gebiet im Einklang mit ihr regelmäßig den Bürgern gegenüber wirksame Zwangsakte setzen.

Die nähere Ausgestaltung der Verfassung hängt ausschließlich von der jeweiligen konkreten Rechtsordnung ab. Die Verfassung kann sowohl geschriebener als auch ungeschriebener Natur sein; im zweiten Fall besteht sie aus sogenanntem Gewohnheitsrecht. Die Verfassung kann den Erlaß von niederen Rechtsnormen von vornherein bestimmten inhaltlichen Einschränkungen unterwerfen; so kann sie etwa jedem Individuum gewisse unverletzliche Freiheitsrechte einräumen. Die Verfassung kann in ihrer allgemeinen Ausrichtung, um Extrembeispiele zu nennen, sowohl demokratischer als auch totalitärer Natur sein. Im ersten Fall wird sie vermutlich auch Normen enthalten, die eine staatliche Gewaltenteilung vorsehen sowie einen Wechsel bzw. eine Nachfolge der jeweiligen, das Volk repräsentierenden Machthaber regeln. Im zweiten Fall dagegen ist es sogar möglich, daß sie einem einzelnen Diktator oder «Führer» die ungeteilte Staatsmacht auf Lebenszeit überträgt.

5. Die Norm und ihr Sollen

Eine Rechtsordnung ist in jedem Fall *hierarchisch* strukturiert: Es gibt höhere Rechtsnormen; und es gibt niedere Rechtsnormen, die ihren Rechtscharakter den höheren Rechtsnormen verdanken. Die höheren Rechtsnormen sind stets Ermächtigungsnormen. Der hierarchische Zusammenhang zwischen einer höheren Rechtsnorm und einer niederen Rechtsnorm kann dabei auch über *mehrere* Stufen verlaufen. Ein einfaches Beispiel: Ein Polizist weist einen Bürger an, ihm ins Gefängnis zu folgen. Diese Norm beruht auf einer Verurteilung des Bürgers zu einer Freiheitsstrafe durch einen Richter. Das Urteil des Richters beruht auf einem Gesetz des Parlaments. Das Gesetz des Parlaments beruht auf Normen der Verfassung. Jede Rechtsordnung dient letzlich der Steuerung menschlichen Verhaltens durch mit physischen Zwangsakten verbundene *Gebotsnormen*.

Eine Rechtsordnung, die diesen Namen verdient, kann deshalb niemals ein bloßes Wunschgebilde sein. Sie muß stets in einem bestimmten Sinn in der sozialen Realität verankert sein oder – wie wir von nun an einfach sagen werden – existent sein oder existieren. In welchem genauen Sinn aber ist eine Rechtsordnung bzw. sind ihre Elemente, die einzelnen Rechtsnormen, existent? Wie wir schon sahen, kann eine Rechtsordnung als ganze nur existieren, wenn sie in einem bestimmten Sinn «Wirksamkeit» besitzt (vgl. oben S. 28). Müssen aber auch ihre einzelnen Elemente, um als Rechtsnormen zu existieren, in diesem Sinn Wirksamkeit besitzen? Oder können sie in einer anderen Weise, die sich zweckmäßigerweise etwa als «Gültigkeit» bzw. als «Geltung» bezeichnen läßt, existieren?

Um diese Thematik angemessen behandeln zu können (in Kapitel 6), müssen wir zunächst eingehend die Frage untersuchen, was überhaupt das Wesen und die Eigenart von Normen, ob des Rechts oder anderer Art, ausmacht. Der Normbegriff wird dabei im engeren Sinn der Gebotsnorm verstanden.

Was ist eine Norm? Ich habe oben (S. 10f.) eine Norm im Sinn einer Gebotsnorm definiert als eine Aufforderung zu einem bestimmten Verhalten (Handeln oder Unterlassen). Danach ist zum Beispiel sowohl die Verhaltensaufforderung des Pädagogen, daß man nicht lügen soll (daß die Menschen nicht lügen sollen), eine Norm als auch die Verhaltensaufforderung des Räubers, daß der von ihm bedrohte Bankangestellte das Geld herausgeben soll.

Nach dieser Sichtweise sind Normen nichts anderes als Sachverhalte einer bestimmten Art, die wie andere Sachverhalte in der Realität vorhanden sein oder existieren können und die man wie andere Sachverhalte darstellen oder beschreiben kann. So existieren mit Sicherheit sehr zahlreiche Normen des Inhalts, daß man (im allgemeinen) nicht lügen soll. Vermutlich existiert dagegen keine einzige Norm, daß man (im allgemeinen) nicht essen soll, da diese Verhaltensaufforderung niemand ernsthaft an seine Mitmenschen richtet.

Jede existente Norm hat, so gesehen, einen Urheber oder jemanden, der die Norm auf irgendeine Weise, ob direkt oder indirekt, zum Ausdruck bringt und damit, wie man sagen kann, *vertritt*. Genau genommen, vertritt der betreffende Normvertreter freilich nicht die Norm als solche, die ja als ein Sachverhalt zu betrachten ist, sondern das, was er als Urheber des Sachverhalts der Norm zum Ausdruck bringt, den *Norminhalt*. So vertreten manche Menschen etwa den Norminhalt, daß man kein Fleisch essen soll. Dem Ausdruck oder der Vertretung dieses Norminhalts dient dabei der Normsatz «Man soll kein Fleisch essen».

In meinen Ausführungen verwende ich zur Bezeichnung eines bestimmten Norminhalts oft einfach den betreffenden Normsatz. Und wenn ich von einer Norm spreche, die vertreten wird, so verstehe ich darunter stets im soeben erläuterten Sinn den vertretenen *Inhalt* dieser Norm.

Verschiedene Individuen können in diesem Sinn – als Urheber verschiedener Normen gleichen Inhalts – *Vertreter* derselben Norm sein. Die Frage, ob eine Norm des betreffenden Inhalts überhaupt existiert, ist dabei unabhängig davon, wie viele Individuen die

Norm vertreten. Die Frage ist jedoch nicht unabhängig davon, ob überhaupt ein Individuum die Norm vertritt: Eine Norm, die von niemandem vertreten wird, existiert auch nicht. Man kann sich eine solche Norm lediglich *denken* – wie man sich ja auch andere Sachverhalte, die nicht existieren, denken kann. Jedes beliebige Individuum jedoch kann jede beliebige Norm dadurch, daß es sie tatsächlich vertritt, auch existent machen.

Wenn wir von einer Norm sprechen im Sinn eines *Norminhalts*, der vertreten werden kann, so ist dieser Norminhalt insoweit also allein in unserem Denken vorhanden. Das heißt, wir abstrahieren völlig davon, ob (und gegebenenfalls von wem) der betreffende Norminhalt tatsächlich vertreten wird. Real existieren kann jedoch ein Norminhalt nie isoliert oder für sich genommen, sondern nur insoweit, als er auch Inhalt einer realen, tatsächlich vertretenen Verhaltensaufforderung ist.

Hinter einer realen Verhaltensaufforderung oder Norm steht immer der Wunsch oder Wille eines Menschen, des Normvertreters, daß der Normadressat, an den die Norm sich richtet, sich in bestimmter Weise verhält. Inhalt des *Wunsches* ist also – anders als Inhalt der Norm (etwa der Norm, daß man nicht lügen soll) – das betreffende Verhalten als solches: Ich wünsche, daß nicht gelogen *wird*, und vertrete deshalb die Norm, daß nicht gelogen werden *soll*. Inhalt des Wunsches ist ein Verhalten, Ausdruck des Wunsches ist eine Norm!

Auf dieser Grundlage können wir uns nun der Frage zuwenden, worin das spezifische, für das Wesen einer Norm offenbar charakteristische *Sollen* einer Norm besteht. Entscheidend ist die Einsicht: Man kann dieses Sollen einer Norm keinesfalls, wie es oft getan wird (so von Kelsen I, S. 7), *gleichsetzen* mit der betreffenden Norm. Die These, eine Norm sei genau dasselbe wie ein Sollen, ist falsch und irreführend. Denn ein *Sollen* als solches gibt es – anders als eine Norm – als Teil der Realität ebensowenig, wie es einen Norminhalt als solchen gibt!

Was es dagegen gibt, sind Sollsätze, das heißt *Sätze*, in denen das Wort «Sollen» in einer bestimmten Funktion vorkommt. Und zwar handelt es sich dabei um Sätze, in denen «Sollen» sowohl der *sprachlichen Formulierung* eines Norminhalts als auch der (möglicherweise damit verbundenen) *Vertretung* einer Norm (eines Norminhalts) dienen kann. Angenommen, ich spreche den Satz «Man soll seine Feinde lieben» aus. Dann formuliere ich damit jedenfalls automatisch einen denkbaren, möglichen Norminhalt – etwa indem ich behaupte «Die Norm ‹Man soll seine Feinde lieben› stellt sehr hohe Anforderungen an ihre Adressaten» oder indem ich behaupte «Aus der Norm ‹Man soll seine Feinde lieben› folgt ‹Man soll seinen Feinden keinen Schaden zufügen›». Möglich ist aber auch, daß ich durch den Ausspruch des Satzes «Man soll seine Feinde lieben» selber den betreffenden Norminhalt vertrete – falls ich nämlich zu erkennen gebe, daß ich durch den Ausspruch einem eigenen Wunsch nach dem genannten Verhalten Ausdruck gebe.

Auch in der bloßen Darstellung von Normen, die andere Menschen vertreten, kann das Wort «Sollen» natürlich eine Rolle spielen. Wie wir schon ansatzweise sahen, sind es zwei völlig verschiedene Dinge, ob man eine Norm selber vertritt oder ob man eine Norm, die jemand anders vertritt, lediglich beschreibend darstellt. Die bloße Darstellung einer Norm wirft dabei der Sache nach kaum Probleme auf, da jede Norm ja mit einem entsprechenden empirischen Sachverhalt identisch ist. Zwar läßt sich die Normvertretung eines Menschen nicht immer auf bestimmte äußere Handlungen wie Sprechakte reduzieren; auch eine gewisse *Disposition* zu diesen Handlungen reicht aus, damit man von der Tatsache einer Normvertretung ausgehen kann (näher Hoerster I, S. 46 f.). Doch auch innere Einstellungen oder Dispositionen (wie etwa das Verliebtsein eines Menschen) lassen sich im Prinzip ja mit empirischen Mitteln feststellen und beschreiben.

Gewisse Probleme kann trotzdem das *Vokabular* bzw. die Begrifflichkeit bereiten, deren man sich zur Beschreibung einer Norm bedient. Das liegt daran, daß eben auch zu diesem Zweck gewöhnlich *Normsätze* – Sätze, in denen normative Ausdrücke wie das Wort «Sollen» vorkommen – benutzt werden. Tatsächlich kann ein und derselbe Normsatz sowohl eine *normdeskriptive* (eine existente Norm beschreibende) als auch eine *normexpressive* (eine Norm zum Ausdruck bringende) Funktion haben. Welche der beiden Funktionen er hat, hängt dabei vom jeweiligen Kontext ab. So wird etwa der Satz «Frauen sollen keinen selbständigen Beruf ausüben», den ein die Frauenemanzipation ablehnender Traditionalist an seine Töchter richtet, gewöhnlich die letztere Funktion haben. Aus dem Munde eines westlichen Soziologen jedoch, der den Satz im Zusammenhang seiner Darstellung der Moral einer bestimmten islamischen Gesellschaft verwendet, hat er die erstere Funktion.

Unter Umständen kann derselbe Normsatz sogar beide Funktionen nebeneinander wahrnehmen. Dies ist etwa der Fall, wenn eine Moslime, die die genannte Norm ihrer Gesellschaft gutheißt, zu ihren Töchtern sagt «Frauen sollen keinen selbständigen Beruf ausüben» oder wenn eine Frau in unserer Gesellschaft zu ihren Kindern sagt «Man soll nicht lügen». In solchen Fällen wird von dem Sprecher gewöhnlich *sowohl* über eine bestehende Norm informiert *als auch* eben diese Norm vertreten.

Insoweit «Sollen», wie wir sahen, der sprachlichen Formulierung eines Norminhalts dienen kann, spielt das Wort also auch in normdeskriptiven Sätzen eine wichtige Rolle. Entscheidend ist, daß man einen normdeskriptiv gemeinten Norm- oder Sollsatz immer auch sprachlich so fassen kann (und in der Regel auch so fassen sollte), daß sein deskriptiver Charakter klar erkennbar wird. So kann der Soziologe in dem obigen Beispiel klarheitshalber auch sagen «Nach einer in Gesellschaft G verbreiteten Norm sollen Frauen keinen selbständigen Beruf ausüben». Und als Beobachter eines Banküberfalls sage ich, um Mißverständnisse zu vermeiden, statt «Der Bankangestellte soll das Geld herausgeben» besser «Gemäß der Aufforderung des Räubers soll der Bankangestellte das Geld herausgeben».

Häufig wird durch das «Sollen» in einer realen Norm dem Normadressaten gegenüber nicht nur eine Verhaltensaufforderung geäußert; es wird ihm außerdem der Eindruck vermittelt, er habe guten Grund, die Norm auch zu befolgen. Und dieser Eindruck ist nicht selten zutreffend. Denn in der Regel vertritt jemand eine Norm ja gar nicht erst, wenn diese Norm bei ihrem Adressaten von vornherein nicht die geringste Befolgungschance besitzt. So würde ich zum Beispiel nie auf die Idee kommen, dem Justizminister gegenüber zu äußern, er möge sich für eine Änderung der rechtlichen Regelung der Sterbehilfe einsetzen. Ich bin zwar der Meinung, daß eine solche Änderung angebracht ist, sehe aber in unserer gegenwärtigen Gesellschaft nicht die geringste Chance, als einzelner durch bloße Argumente einen Politiker in irgendeiner Weise zu beeinflussen.

Der «gute Grund» – der Grund, der es für den Normadressaten A nach eigener Einschätzung rational macht –, eine ihm gegenüber vertretene Norm n zu befolgen, kann sehr unterschiedlicher Natur sein. Er kann bestehen 1. in As Bewertung der Konsequenzen der Befolgung von n im Hinblick auf seine *Interessen*; oder 2. in As Akzeptanz einer *Norm*, aus der n ableitbar ist.

Im ersten Fall besteht As Grund, n zu befolgen, einfach darin, daß die ihm bevorstehenden positiven Konsequenzen einer Befolgung bzw. negativen Konsequenzen einer Nichtbefolgung für eine Befolgung sprechen. Das beste Beispiel hierfür bietet die Konstellation des Bankraubes: Die Norm des Räubers «Sie sollen das Geld herausgeben» wird der Bankangestellte in der Regel deshalb mit gutem Grund befolgen, weil er um sein Leben fürchtet.

Der zweite Fall ist komplizierter. Hier liegt der Befolgungsgrund von n für A in einer Norm, die A bereits akzeptiert oder, veranlaßt durch die Normvertretung, sich zu akzeptieren entschließt. Die Akzeptanz einer Norm durch A besteht dabei darin, daß A die Norm (den Norminhalt) als für sich verbindlich anerkennt, in diesem Sinn also *sich selber* gegenüber vertritt (vgl. oben S. 26).

Am einfachsten ist dabei die Alternative, daß es Norm n selbst ist, die A akzeptiert. (Auch aus n selbst ist n ableitbar.) Wenn A beispielsweise das Lügeverbot akzeptiert, hat er insoweit natürlich guten Grund, die an ihn gerichtete Norm «Du sollst nicht lügen» zu befolgen. Einen solchen Grund stellt jedoch auch die Ableitbarkeit von n aus einer *anderen* Norm dar, die A akzeptiert. Nehmen wir an, ich sage zu A: «Sie sollen Hühner nicht im Käfig halten». Dann hat A guten Grund, diese Norm n 2 zu befolgen, wenn 1. A die Norm n 1 «Man soll Tiere nicht quälen» akzeptiert und wenn 2. die Käfighaltung von Hühnern tatsächlich diese Tiere quält. Denn offenbar ist n 2 aus der von A akzeptierten Nom n 1 sowie der genannten weiteren Prämisse logisch ableitbar. (Im folgenden weise ich auf die jeweils erforderlichen weiteren Prämissen nicht immer ausdrücklich hin.)

Im Alltag würde man gewiß nicht daran zweifeln, daß A unter diesen Bedingungen wirklich guten Grund hat, nicht nur n 1 zu befolgen (dieser Grund liegt bereits in seiner Akzeptanz von n 1), sondern auch n 2 ausdrücklich zu akzeptieren und dementsprechend zu befolgen. Denn n 2 ist, wie gesagt, eine logische Konsequenz von n 1. Dies erscheint ohne weiteres einleuchtend, ist aber trotzdem nicht ganz unproblematisch.

Von einigen Denkern wird nämlich bestritten, daß es überhaupt so etwas wie logische Ableitungsbeziehungen zwischen Normen oder normexpressiven Sätzen gibt (so insbesondere Kelsen II, S. 166 ff. und S. 184 ff.). Diese Denker argumentieren wie folgt: Logisch auseinander ableiten lassen sich nur Sätze bzw. Aussagen, die *wahrheitsfähig* sind, da es die Wahrheit eines Satzes bzw. einer Aussage ist, die sich im Fall einer korrekten logischen Ableitung oder eines logisch gültigen Arguments von den Prämissen auf die Konklusion überträgt. Normen bzw. normexpressive Sätze (wie «Man soll nicht lügen») aber sind nicht wahrheitsfähig, da es keine Realität gibt, die sie beschreiben oder darstellen können.

Diese Auffassung verdient keine Zustimmung. Es erscheint als zu eng, logische Ableitungsbeziehungen nur bei Argumenten anzunehmen, deren einzelne Sätze wahrheitsfähig sind. Es muß nicht unbedingt die Wahrheit sein, die sich von den Prämissen eines logisch gültigen Arguments auf die Konklusion überträgt. Es kann vielmehr auch so etwas wie eine (subjektiv verstandene) «Zustimmungswürdigkeit» sein.

So gesehen, stellt die Wahrheit lediglich einen Sonderfall dieser angenommenen Zustimmungswürdigkeit dar: Wer den Sätzen «Alle Menschen sind sterblich» und «Sokrates ist ein Mensch» zustimmt, für den ist eben auch der Satz «Sokrates ist sterblich» zustimmungswürdig. Das heißt: Rationalerweise muß er auch diesem Satz zustimmen. Ganz entsprechend aber muß jemand, der den Sätzen «Alle Menschen sollen nicht lügen» und «Hans ist ein Mensch» zustimmt, rationalerweise auch dem Satz «Hans soll nicht lügen» zustimmen.

Niemand würde ja im täglichen Leben im mindesten daran zweifeln, daß die zuletzt genannte Ableitung aus logischen Gründen zwingend ist. Und ebenso würde niemand daran zweifeln, daß sich etwa aus den Sätzen «Alle Eichhörnchen sind schön» und «Dieses Tier ist ein Eichhörnchen» der Satz «Dieses Tier ist schön» im logischen Sinn ableiten läßt – obschon auch derartige Sätze ästhetischer

Natur, was ihren möglichen Wahrheitsgehalt angeht, nicht weniger fragwürdig als normexpressive Sätze sind.

Wer in den angeführten Fällen zwar den Prämissen, nicht aber der Konklusion zustimmt, verhält sich in allen drei Fällen gleicherweise widersprüchlich und irrational. Nicht nur Annahmen über die Wirklichkeit, auch Einstellungen jeder Art sowie Verhaltensaufforderungen können offensichtlich in logischem Widerspruch zueinander stehen. Also sind auch normexpressive Sätze bzw. Normen (im Sinn von Norminhalten) logisch zwingend auseinander ableitbar. Dabei braucht uns die Frage, wie eine Normenlogik im Detail auszusehen hat, hier nicht zu beschäftigen.

Nach alledem gibt es zwei recht unterschiedliche Gründe, die es für einen Normadressaten A geben kann, eine ihm gegenüber vertretene Norm zu befolgen: die Erwartung von Sanktionen oder seine Akzeptanz einer Norm, aus der die ihm gegenüber vertretene Norm ableitbar ist. Natürlich hat der Normvertreter V ein Interesse daran, daß bereits der zweitgenannte Grund einer Normakzeptanz bei A vorliegt. V kann sich in diesem Fall nämlich – sofern A in seinem Verhalten konsequent ist – die mit einer etwaigen Sanktionierung der Nichtbefolgung der Norm in aller Regel verbundenen Kosten ersparen.

Jede Norm, die in Form eines logisch gültigen Arguments, wie dargestellt, aus einer anderen Norm ableitbar ist, wollen wir auch ihrerseits als *gültig* bezeichnen. Gültigkeit ist danach keine Eigenschaft, die eine Norm *isoliert* besitzt. Eine Norm n 2 kann immer nur gültig sein in *Relation* zu einer anderen Norm n 1. Dabei ist es unerheblich, ob Norm n 1 bloß gedacht oder tatsächlich vertreten bzw. akzeptiert wird. So ist etwa auch die Norm «Jungen sollen nicht laufen» eine gültige Norm – in Relation zu der (gedachten) Norm «Kinder sollen sich nicht bewegen».

Falls eine Norm n 2 gültig in Relation zu einer tatsächlich vertretenen, also existenten Norm n 1 ist, so wird damit automatisch auch n 2 zu einer existenten Norm! Denn der Inhalt von n 2 ist ja, selbst wenn nicht *ausdrücklich* vertreten, so doch in der vertretenen Norm n 1 insofern *implizit* enthalten, als ihn jeder objektive, aufgeklärte Normadressat oder Betrachter mit n 1 verbindet. Dies ist im Fall von Normen nicht anders als im Fall von (deskriptiven) Überzeugungen, die vertreten werden. Wenn etwa ein britischer Politiker die Überzeugung vertritt, daß alle Bewohner Europas vom Terrorismus bedroht sind, dann existiert damit automatisch auch die Überzeugung, daß Norbert Hoerster vom Terrorismus bedroht ist, obschon der Politiker diese Überzeugung *ausdrücklich* gar nicht vertreten kann, da Norbert Hoerster ihm gar nicht bekannt ist.

Nach alledem bleibt als wichtige Einsicht festzuhalten: Nicht jede Norm, die existiert, existiert genau so, wie sie formuliert ist, als empirische Gegebenheit. Gleichwohl hat jede Norm, die kraft Gültigkeit existiert, in dem Sinn ein empirisches Fundament, daß sie aus einer empirisch existenten Norm – in Verbindung mit weiteren zutreffenden Prämissen – logisch ableitbar ist. Sämtliche in Bezug auf existente Normen gültige Normen sind auch ihrerseits als existent zu betrachten.

Zum Abschluß dieses Kapitels über das Wesen der Norm müssen wir noch einer ganz eigenen Art von Normen Tribut zollen, die sich von der bisher behandelten Art von Normen grundlegend unterscheidet. Es handelt sich dabei um Normen, die wir – im Unterschied zu den bisher behandelten positiven, auf einem empirischen Wollen basierenden Normen – als *vorpositive* Normen bezeichnen wollen (vgl. schon Hoerster I, S. 70). Was verstehe ich unter einer «vorpositiven» Norm?

Unter einer vorpositiven Norm verstehe ich eine Norm, deren Existenz *nicht* – wie die Existenz einer positiven Norm – darin liegt, daß sie von irgendeinem Menschen vertreten wird. Eine vorpositive Norm verdankt ihre Existenz vielmehr, sofern sie existiert, der Tatsache, daß sie dem Menschen – und zwar jedem Menschen, dem Menschengeschlecht als solchem – in einer besonderen Form der Wirklichkeit vorgegeben ist. Diese Wirklichkeit besteht in einer eigenständigen Normenordnung, die, wie einige annehmen, das Resultat einer göttlichen Schöpfung ist.

Kelsen irrt, wenn er eine auf diese Wirklichkeit gerichtete *praktische Vernunft* schon deshalb ablehnt, weil diese «normsetzende Vernunft» eine «erkennende und zugleich wollende» Vernunft sein müsse, was einen Widerspruch bedeute (Kelsen I, S. 415). Denn die *Erkenntnis* vorpositiver Normen, falls es solche Normen gibt, ist von jedem Wollen dieser Normen unabhängig. Nur hinter einer positiven, nicht hinter einer vorpositiven Norm muß immer auch ein Wollen stehen.

Ob irgendwelche vorpositiven Normen tatsächlich existieren und menschlicher Erkenntnis zugänglich sind, ist eine kontroverse Frage, auf die ich in Kapitel 9 im Zusammenhang mit dem Problem der Rechtsbegründung noch zurückkommen werde. An dieser Stelle interessiert uns allein die Frage, wie solche vorpositiven Normen, *falls* sie existieren, sich in unsere allgemeine Sichtweise von Wesen und Existenz einer Norm einordnen lassen. Anscheinend gehen nicht wenige Menschen in ihrem normativen, insbesondere ihrem moralischen Denken auch ohne philosophische Reflexion als selbstverständlich davon aus, daß es solche dem Menschen vorgegebenen Normen (wie etwa «Man soll nicht lügen» oder «Man soll nicht stehlen») wirklich gibt. In den folgenden Ausführungen zum Wesen solcher Normen werde ich, um die Darstellung zu vereinfachen, von der Richtigkeit dieser Annahme hypothetisch ausgehen.

Äußerst wichtig ist die folgende Einsicht: Eine existente *vorpositive* Norm – zum Beispiel die Norm «Man soll nicht lügen» – ist unbedingt zu unterscheiden von der existenten *positiven* Norm «Man soll nicht lügen». Es handelt sich hier um zwei in ihrem Ursprung vollkommen *verschiedenartige* Normen, die lediglich denselben *Inhalt* haben. Ebenso wie die Existenz ist deshalb auch die Existenzbehauptung der beiden Normen ganz unterschiedlicher Art.

Worin die Existenz der *positiven* Norm «Man soll nicht lügen» besteht und in welcher Form sich diese Existenz beschreiben läßt, haben wir schon im einzelnen gesehen. Im Gegensatz zu dieser Norm existiert die *vorpositive* Norm «Man soll nicht lügen», wie gesagt, nicht in der üblichen empirischen, sondern in einer besonderen, in einem gewissen Sinn metaphysischen Realität. Das bedeutet insbesondere, daß die Existenz dieser Norm nicht notwendig an irgendeinen Willen (etwa eines Gottes) gebunden ist, der sie setzt oder vertritt. Es ist in diesem Fall vielmehr der Norminhalt als solcher, der in der Realität vorhanden ist, der sich also nicht nur, wie der Inhalt jeder möglichen positiven Norm, vom Betrachter *denken* läßt: Daß man nicht lügen soll, ist als vorpositive Norm ein realer, außerempirischer Sachverhalt, der durch den Satz «Man soll nicht lügen» zutreffend dargestellt oder beschrieben wird – ähnlich wie etwa der außerempirische Sachverhalt, daß Gott existiert, gegebenenfalls durch den Satz «Gott existiert» zutreffend dargestellt oder beschrieben wird.

Das «Sollen» der Norm drückt in diesem Fall keine empirisch existente Verhaltensaufforderung aus, sondern eine von einer spezifischen Realität ausgehende Verhaltensaufforderung, die der Mensch – ganz unabhängig von dem, was irgend jemand wünscht oder will – als existente Verhaltensaufforderung oder Norm *erkennen* kann. Während es in der üblichen empirischen Realität nur Seinssachverhalte und ihre Implikationen gibt (also das Lügeverbot als Inhalt einer von jemandem *vertretenen* Norm), gibt es in der betreffenden normativen Realität also ganz spezifische Sollenssachverhalte. Dabei gebietet die in der normativen Realität existente Norm dem Menschen, sich in der empirischen Realität der Norm entsprechend zu verhalten.

Der Satz «Man soll nicht lügen» ist, so verstanden, nichts anderes als ein normdeskriptiver, wahrer Satz über die Existenz einer vorpositiven Norm. Und wenn es eine *vorpositive* Norm wie «Man soll nicht lügen» gibt, dann existiert damit ein prinzipiell erkennbares Verbot der Lüge, das von jedem Wollen unabhängig ist und das es für jedermann automatisch zu einer rationalen Sache macht, den Norminhalt «Man soll nicht lügen» in Form einer *positiven* Norm sowohl zu vertreten als auch (als Normadressat) zu akzeptieren und zu befolgen.

Unter diesen Umständen liegt es natürlich nahe, daß jemand, der ohnehin die positive Norm «Man soll nicht lügen» vertritt, sich die genannte Tatsache zunutze macht: Er kann versuchen, den Normadressaten von der Existenz einer vorpositiven Norm gleichen Inhalts zu überzeugen und dadurch die Befolgungschancen der von ihm vertretenen poitiven Norm nicht unwesentlich erhöhen. Ja, er kann dies offensichtlich ganz unabhängig davon tun, ob es wirklich eine vorpositive Norm des betreffenden Inhalts gibt oder nicht.

Wer eine vorpositive Norm, die er für existent hält, dementsprechend beschreibt, *vertritt* damit nicht etwa diese vorpositive Norm; man *kann* eine vorpositive Norm als vorpositive Norm gar nicht *vertreten.* Und er vertritt auch nicht etwa *automatisch*, wie ich oben (S. 44) schon Kelsen entgegengehalten habe, eine inhaltlich identische, positive Norm! Es ist für ihn, wie gesagt, lediglich *rational*, dies zu tun. So ist es zum Beispiel nicht ausgeschlossen und auch nicht logisch widersprüchlich, wenn jemand, der an ein vorpositives Lügeverbot glaubt, zu seinen Kindern sagt: «Man darf zwar eigentlich nicht lügen; aber wenn es, wie in diesem Fall, um den Gewinn von 1000 Euro geht, dann dürft ihr ruhig mal lügen». Menschen handeln nicht immer so, wie sie ihrer eigenen Überzeugung nach vernünftigerweise handeln sollten. Und auch die Vertretung einer Norm ist eine Handlung.

6. Wirksamkeit, Gültigkeit und Geltung
von Rechtsnormen

Ganz offensichtlich ist es für eine Rechtsordnung unverzichtbar, daß sie, insgesamt gesehen, in einem bestimmten Gebiet souverän ist, das heißt, daß sie in diesem Gebiet jedenfalls im großen und ganzen Dominanz besitzt und sich mit Hilfe ihrer Zwangsakte gegenüber konkurrierenden Formen von Gewalt durchsetzt. Dabei eignet sich zur Bezeichnung dieser Eigenschaft einer Rechtsordnung besonders gut der Begriff der *Wirksamkeit.* Muß nun aber auch jede einzelne Norm dieser Rechtsordnung für sich genommen diese Wirksamkeit besitzen, damit wir sie als existente Rechtsnorm, als Teil der betreffenden Rechtsordnung betrachten können?

Was würde es genau bedeuten, von einer einzelnen Rechtsnorm zu sagen, daß sie wirksam ist? Es würde offenbar bedeuten, daß die betreffende Rechtsnorm von ihren Adressaten jedenfalls im großen und ganzen *befolgt* wird, mit anderen Worten: daß sie in jenen Fällen, in denen ihre Adressaten sich nicht ohnehin, aus anderen Gründen, normkonform verhalten, zu einem normkonformen Verhalten führt. Wir wollen uns an einigen Beispiele klarmachen, was dies genau bedeutet.

Das Diebstahlsverbot ist mit hoher Wahrscheinlichkeit eine wirksame Rechtsnorm. Das heißt freilich nicht, daß ohne diese Rechtsnorm jedermann bei jeder sich bietenden Gelegenheit stehlen würde. Die meisten Individuen, die tatsächlich nie stehlen, tun dies sehr wahrscheinlich schon deshalb nicht – verhalten sich insoweit also *normkonform* –, weil sie es einfach für unmoralisch halten, zu stehlen. Sie würden also auch ohne die betreffende Rechtsnorm nicht stehlen. Die Anzahl der Diebstähle jedoch durch andere, moralisch nicht hinreichend motivierte Individuen, die ohne diese

Rechtsnorm stattfänden, wird durch deren Existenz vermutlich stark reduziert. Denn nicht wenige potentielle Diebe dürften auf Diebstähle allgemein oder doch auf manche Diebstähle aus Furcht vor den ihnen mit einer gewissen Wahrscheinlichkeit drohenden Strafsanktionen verzichten. Insofern besitzt das Diebstahlsverbot also durchaus Wirksamkeit.

Das Verbot, bei Rot eine Straßenkreuzung zu überqueren, ist mit Sicherheit eine sehr wirksame Rechtsnorm. Anders als im Fall des Diebstahls würde es in diesem Fall gewiß niemand für unmoralisch halten, bei Rot eine Kreuzung zu überqueren, wenn es diese Rechtsnorm nicht gäbe bzw. wenn es etwa verboten wäre, bei *Grün* eine Kreuzung zu überqueren. Die Rechtsnorm, die verbietet, bei Rot eine Kreuzung zu überqueren, besitzt also sehr wahrscheinlich eine weit größere Wirkung auf das normkonforme Verhalten der Bürger als etwa das Verbot des Diebstahls: Sie ist nicht nur – ebenso wie das Diebstahlsverbot – insofern wirksam, als sie von jenen Adressaten, die sich ohne sie nicht normkonform verhalten würden, befolgt wird. Sie hat auch eine sehr viel *breitere* Wirksamkeit als das Diebstahlsverbot, weil es vermutlich überhaupt keine Adressaten gibt, die sich *ohne* ihre Existenz regelmäßig normkonform verhalten würden.

Doch noch in einer anderen Hinsicht dürfte sich das genannte Ampelverbot von dem Diebstahlsverbot unterscheiden: Das Ampelverbot erweist sich – anders als das Diebstahlsverbot – vermutlich nicht in erster Linie dadurch als wirksam, daß die Bürger es aus Furcht vor Sanktionen befolgen. Es wird vielmehr offenbar von vielen Bürgern einfach deswegen befolgt, weil diese Bürger es als Inhalt einer für sie verbindlichen Rechtsnorm *akzeptieren*. So befolgt etwa der normale Autofahrer auch dann dieses Verbot, wenn er durch seine Verletzung niemanden gefährden würde und wenn außerdem weit und breit kein Polizist zu sehen ist. Und zwar verhält er sich ganz einfach deshalb so, weil er sich das Verbot als existente Rechtsnorm zu eigen gemacht, es internalisiert hat. Wer dagegen das Diebstahlsverbot internalisiert oder als für sich verbindlich akzeptiert hat, hat dies gewöhnlich, wie gesagt, bereits aus moralischen Gründen getan; der Rechtscharakter des Verbots ist für ihn insofern nicht ausschlaggebend.

Ein hohes Maß an Wirksamkeit kraft Akzeptanz besitzen zweifellos, wie man sich leicht klarmachen kann, im Normalfall jene Rechtsnormen, die sich an die Amtsträger richten und diese zur Setzung von Zwangsakten dem Bürger gegenüber verpflichten (vgl. schon oben S. 29 f.).

Für die Wirksamkeit einer Rechtsnorm spielt es generell keine Rolle, ob die Normbefolgung ihrer Adressaten letztlich aus Furcht vor Sanktionen oder aus freiwilliger Akzeptanz der Norm erfolgt. Denn in beiden Fällen ist es gleicherweise die Existenz der Norm als *Rechtsnorm*, die den entscheidenden Faktor für das normkonforme Verhalten darstellt.

Als kaum adäquat erscheint mir die Bedeutung, die Kelsen dem Begriff der Wirksamkeit gibt. Er versteht nämlich unter der Wirksamkeit einer Norm die Tatsache, daß diese Norm «tatsächlich angewendet und befolgt wird» und erblickt in diesem Zusammenhang die Norm*befolgung* einfach darin, daß das Verhalten der Normadressaten der Norm – gleichgültig aus welchen Motiven – tatsächlich «entspricht». (Siehe Kelsen I, S. 10 f.; sehr deutlich auch Kelsen II, S. 112.)

Dazu ist folgendes zu sagen. Zunächst einmal kann es nicht, wie Kelsen ausdrücklich behauptet, ein und dieselbe Norm sein, die sowohl «von den Rechtsorganen, insbesondere den Gerichten angewendet» als auch «von den der Rechtsordnung unterworfenen Subjekten befolgt» wird! Es handelt sich hier vielmehr, wie wir oben (S. 13 ff.) sahen, um zwei verschiedene Normen mit unterschiedlichen Adressaten. Wenn man im Gegensatz dazu jedoch mit Kelsen annimmt, daß sich Rechtsnormen stets nur an staatliche Amtsträger richten, sieht die Sache auch nicht besser aus: Wie kann eine Norm wie «Diebe sollen bestraft werden» nicht nur von den Gerichten «angewendet», sondern außerdem auch von den Bürgern – an die sie sich ja gar nicht richtet! – «befolgt» werden?

Außerdem erscheint es mir, wie schon verdeutlicht, als viel zu weit, von der «Wirksamkeit» bzw. der «Befolgung» einer Norm auch dann zu sprechen, wenn bloß ein der Norm «entsprechendes», also ein *normkonformes* Verhalten – gleichgültig aus welchen Motiven – vorliegt. Habe ich etwa die Norm des § 324 Strafgesetzbuch, die es verbietet, ein Gewässer zu verunreinigen, bislang stets «befolgt» – obschon ich diese Norm erst kürzlich überhaupt kennengelernt habe? Daß Normen wie § 324 oder das Verbot des Diebstahls bei mir *bislang* nicht wirksam waren, schließt natürlich die Möglichkeit nicht aus, daß sie eines Tages bei mir durchaus noch wirksam werden!

Wichtig ist: Die Wirksamkeit einer bestimmten Norm ist keinesfalls eine Voraussetzung ihrer Existenz als Rechtsnorm. Es verhält sich vielmehr genau umgekehrt: Die Existenz der Norm als Rechtsnorm ist in beiderlei Hinsicht die faktische Voraussetzung ihrer Wirksamkeit: Wenn die betreffende Norm nicht bereits zur Rechtsordnung gehörte, hätte der Bürger ja weder einen Grund, sich nach der Norm aus Akzeptanz des Rechts noch aus Furcht vor Sanktionen zu richten. In beiden Hinsichten hat er diesen Grund nur deshalb, *weil* die Norm bereits Teil der Rechtsordnung ist. Was eine Norm zu einer Rechtsnorm macht, muß also etwas anderes sein als ihre Wirksamkeit.

Ja, es muß nicht einmal der Fall sein, daß eine Norm der Rechtsordnung, um als solche zu existieren, überhaupt zur Wirksamkeit gelangt. Es kann durchaus vorkommen, daß eine bestimmte Rechtsnorm vom Bürger etwa deshalb praktisch nicht befolgt wird, weil ihm diese Rechtsnorm einfach nicht bekannt ist oder weil ihre Nichtbefolgung von den zuständigen Amtsträgern – wegen einer minimalen Aufklärungsquote der Verletzung dieser Norm – kaum sanktioniert wird. Auch in diesen Fällen handelt es sich jedoch um eine Rechtsnorm, die der betreffenden Rechtsordnung angehört. Was die Norm auch hier zu einer Rechtsnorm macht, ist nämlich die Tatsache, daß sie durch die Verfassung dieser Rechtsordnung *autorisiert* ist und insofern vom Standpunkt dieser Rechtsordnung aus ein normkonformes Verhalten seitens ihrer Adressaten jedenfalls *fordert.*

Erst dann, wenn die *Mehrzahl* der Normen einer Rechtsordnung sich als weitgehend unwirksam erweisen sollte, hören diese Normen auf, Rechtsnormen zu sein – und zwar deshalb, weil dann die gesamte Rechtsordnung nicht mehr im *großen und ganzen* wirksam ist und somit insgesamt, mit all ihren Normen, den Charakter einer Rechtsordnung verloren hat (siehe S. 28).

Für die Existenz der einzelnen Rechtsnorm kommt es also nicht darauf an, daß die Norm wirksam ist; entscheidend ist vielmehr, daß die Norm durch die Verfassung einer Rechtsordnung autorisiert ist. Was bedeutet dies im einzelnen? Und welcher Begriff – im Unterschied zu dem der Wirksamkeit – ist zur Kennzeichnung einer derart autorisierten Norm geeignet?

Ansatzweise sahen wir schon: Eine Norm ist dann durch die Verfassung einer Rechtsordnung autorisiert, wenn sie gemäß der Verfassung, insbesondere im Einklang mit einer Ermächtigungsnorm der Verfassung zustande kam. Dies kann sowohl auf Gesetze wie auf Verwaltungsakte oder richterliche Urteile zutreffen. Was in jedem Fall erforderlich ist, ist ein bestimmtes *Ableitungsverhältnis*: Die betreffende Rechtsnorm muß die Konklusion eines logisch korrekten Argumentes sein, zu dessen Prämissen neben einer oder mehreren zutreffenden Tatsachenaussagen auch eine Norm der Verfassung gehört. So ist beispielsweise die Norm, wonach jemand eine Geldstrafe zahlen soll, deshalb eine Rechtsnorm, weil sie von einer Person erlassen wurde, die zu diesem Erlaß entweder *direkt* durch die Verfassung oder *indirekt* durch die Verfassung (das heißt vermittelt durch eine weitere Norm unterhalb der Verfassung) autorisiert ist.

Zur Kennzeichnung einer derart autorisierten Norm eignet sich hervorragend der Begriff der *Gültigkeit*. Ich habe diesen Begriff, bezogen auf Normen, oben (S. 43) so definiert, daß eine Norm immer dann als in Relation zu einer anderen Norm gültig zu bezeichnen ist, wenn sie sich aus dieser anderen Norm (nebst weiteren, zutreffenden Prämissen) logisch ableiten läßt. Daraus folgt: Jene Normen, die sich aus der Verfassung einer Rechtsordnung ableiten lassen, sind in Relation zu dieser Verfassung und damit auch innerhalb dieser Rechtsordnung *gültig*, sie sind existente Rechtsnormen kraft *Gültigkeit*. (Vgl. schon oben S. 31 f.) Es scheint danach – anstatt der Wirksamkeit – die Eigenschaft der Gültigkeit zu sein, die eine notwendige Bedingung für die Existenz einer Rechtsnorm ist.

Gültig im Sinn der Ableitbarkeit sind dabei nicht nur jene Normen innerhalb der Rechtsordnung, die als solche – so wie sie lauten – von einem dazu ermächtigten Amtsträger erlassen wurden. Gültig sind vielmehr auch *sämtliche logischen Konsequenzen* dieser gültigen Normen. So ist es zum Beispiel nicht nur eine gültige Norm der deutschen Rechtsordnung, daß der Käufer einer Sache dem Verkäufer den vereinbarten Kaufpreis zahlen soll. Es ist ebenfalls eine gültige Norm dieser Rechtsordnung, daß A dem B 100 Euro zahlen soll, sofern A und B diesen Betrag als Kaufpreis für ein gebrauchtes Fernsehgerät des B vereinbart haben.

In diesem Zusammenhang ist allerdings zu bedenken: Es ist längst nicht immer möglich, zweifelsfrei festzustellen, ob jene Tatsachenaussage bzw. deskriptive Prämisse, die in die logische Ableitung der genannten Art eingeht, auch wirklich wahr ist. So könnte es in dem obigen Beispiel unklar sein, ob A und B überhaupt einen Kaufvertrag über das Fernsehgerät abgeschlossen und ob sie in diesem Fall genau den genannten Preis vereinbart haben. Falls dies aber strittig oder zweifelhaft ist, ist es natürlich ebenso strittig oder zweifelhaft, ob die Norm, daß A dem B 100 Euro zahlen soll, eine gültige Rechtsnorm ist.

Die Zweifel an der Wahrheit der erforderlichen deskriptiven Prämisse und damit an der Gültigkeit der abgeleiteten Norm können aber auch anderer Art sein. So können sie darauf beruhen, daß die normative Prämisse einen Begriff enthält, der im Zusammenhang mit der fraglichen deskriptiven Prämisse nicht hinreichend eindeutig ist. Begeht man zum Beispiel eine verbotene «Beleidigung» im Sinne des deutschen Strafgesetzbuchs, wenn man eine fremde, erwachsene Person einfach mit «Du» anredet? Macht es dabei vielleicht einen Unterschied, ob diese Person ein Müllmann, eine Studentin, ein Verkehrspolizist oder der Bundespräsident ist? Erst wenn wir diese Fragen beantwortet haben, können wir mit Bestimmtheit sagen, ob bzw. inwieweit die Norm «Man soll eine fremde, erwachsene Person nicht mit ‹Du› anreden» eine gültige Rechtsnorm ist oder nicht. (Eine sicher gültige Rechtsnorm ist etwa die Norm «Man soll zu jemandem nicht ‹Du Arschloch› sagen».) Wir werden auf die generelle Problematik der Ermittlung des Bedeutungsgehalts von Begriffen, die in Rechtsnormen vorkommen, in Kapitel 12 noch ausführlich zu sprechen kommen.

Natürlich kann es auch bereits zweifelhaft sein, ob jener Amtsträger (etwa Minister), der eine bestimmte Norm erlassen hat, zum Erlaß gerade dieser Norm tatsächlich überhaupt ermächtigt war, das heißt, ob der Erlaß dieser Norm durch ihn von einer rechtlichen Ermächtigungsnorm erfaßt ist. Zweifel an der Gültigkeit einer Norm als Rechtsnorm können also nicht erst dann auftreten, wenn man – wie in den obigen Beispielen – aus einer fraglos gültigen rechtlichen Gebotsnorm logische Konsequenzen zu ziehen sucht.

Alles in allem zeigt sich: Ob eine bestimmte Norm eine gültige und damit existente Rechtsnorm ist, läßt sich keineswegs immer leicht entscheiden. Unsere präzise Definition der Gültigkeit einer Rechtsnorm im Sinn ihrer Ableitbarkeit aus der Verfassung der betreffenden Rechtsordnung sollte über diese Tatsache nicht hinwegtäuschen.

Auf ein Problem besonderer Art, das innerhalb einer Rechtsordnung nicht selten auftaucht, sei noch hingewiesen. Wie oben ausgeführt, ist (verkürzt formuliert) aus der Rechtsnorm «Der Käufer soll den Kaufpreis zahlen» unter Umständen die Individualnorm «A soll dem B 100 Euro zahlen» als gültige Rechtsnorm ableitbar. Nehmen wir nun einmal an, A will nicht zahlen, und B verklagt ihn daraufhin. Der Richter aber kommt zu dem Ergebnis, daß gar kein gültiger Kaufvertrag vorliegt, und fällt deshalb das Urteil: A braucht dem B nichts zu zahlen. In Wahrheit aber liegt durchaus ein gültiger Kaufvertrag vor; das Urteil ist ein eindeutiges Fehlurteil. Trotzdem stellt das Urteil offenbar, da der Richter es im Rahmen seiner Zuständigkeit gefällt hat, eine gültige Rechtsnorm dar. Wir sind hier also anscheinend mit zwei logisch widersprüchlichen, doch jeweils gültigen Rechtsnormen konfrontiert: Einerseits soll A dem B 100 Euro zahlen; und andererseits braucht A dem B nicht 100 Euro zu zahlen.

Wie können wir diesem Dilemma entkommen? Die Lösung, die Kelsen anbietet, ist wenig überzeugend. Er leugnet, daß sich aus der rechtlichen Sozialnorm «Der Käufer soll den vereinbarten Kaufpreis zahlen» ohne ein richterliches Urteil *überhaupt irgendeine* rechtlich gültige Individualnorm ableiten läßt. Jede rechtlich gültige Individualnorm erfordere vielmehr einen eigenen Akt der Rechtssetzung wie ein richterliches Urteil. (Siehe Kelsen II, Kap. 58.) Diese Sichtweise Kelsens hängt dabei mit seiner Ablehnung logischer Ableitungsbeziehungen zwischen Normen eng zusammen (siehe oben

S. 42). Auf diese Weise wird natürlich jeder Normenwiderspruch der oben angeführten Art von vornherein ausgeschlossen.

Die Konsequenzen dieser «Lösung» des Dilemmas sind jedoch extrem realitätsfern. Zum ersten besagen sie, daß, solange kein richterliches Urteil vorliegt, kein einziger individueller Käufer den vereinbarten Kaufpreis rechtlich zahlen muß. Dies aber erscheint einigermaßen abwegig; in den allermeisten Fällen eines bestehenden Kaufvertrages kommt es ja gar nicht zu einer Klage – und zwar gerade deshalb, weil der Käufer von sich aus seine rechtliche Zahlungspflicht ohne weiteres anerkennt. Zum zweiten aber kann nach dieser Sichtweise im Fall einer Klage Richter R nicht einmal die an ihn gerichtete Individualnorm «R soll den vorliegenden Rechtsstreit entscheiden» als gültige Rechtsnorm erkennen. Denn zu diesem Zweck muß ja auch R diese Individualnorm zunächst einmal aus einer entsprechenden, nämlich an die Richterschaft im allgemeinen gerichteten Sozialnorm seiner Rechtsordnung ableiten! Laut Kelsen könnte R dies gar nicht tun.

Meines Erachtens läßt sich das obige Dilemma am besten wie folgt lösen: Die logisch abgeleitete Individualnorm ist eine gültige Rechtsnorm, solange kein dazu in Widerspruch stehendes gültiges richterliches Urteil vorliegt. Sobald ein solches Urteil vorliegt, hebt dessen Gültigkeit automatisch die Gültigkeit der widersprechenden abgeleiteten Norm auf. Die Gültigkeit der abgeleiteten Norm ist insofern von vornherein eine bedingte. Dieses Verständnis von der Gültigkeit rechtlicher Individualnormen ergibt sich, wie ich meine, ohne weiteres aus der Funktion, die mit der Institution richterlicher Gewalt zwangsläufig in jeder Rechtsordnung verbunden ist.

Nach einem offenkundigen richterlichen Fehlurteil kann man natürlich ruhig sagen: «Nach dem bestehenden Recht hat der Richter diesen Rechtsstreit zwar entscheiden sollen – aber nicht so, wie er ihn entschieden hat; seine Entscheidung stellt eine Verletzung der an ihn gerichteten Rechtsnorm dar». Gleichwohl führt die richterliche Entscheidung, was die Rechtsbeziehung zwischen den Prozeßparteien angeht, zu einer gültigen Rechtsnorm, die von diesen zu befolgen ist.

Damit kommen wir schließlich zum Begriff der *Geltung* in Bezug auf Rechtsnormen. Ich äußerte oben (S. 52) die Vermutung, daß auf der Grundlage des vorgeschlagenen Sprachgebrauchs von «Wirksamkeit» und «Gültigkeit» die Gültigkeit einer Norm stets eine notwendige – und nicht nur eine hinreichende – Bedingung für ihre Existenz als Rechtsnorm ist. Wir wollen uns nun klarmachen, warum diese Vermutung mit Sicherheit falsch ist.

Zunächst wollen wir uns nochmal vor Augen führen, daß eine gültige Norm natürlich nur dann eine existente *Rechtsnorm* sein kann, wenn sie direkt oder indirekt aus der Verfassung, das heißt aus den höchsten Normen einer *Rechtsordnung* ableitbar ist. Denn gültige, also ableitbare *Normen* kann es offenbar innerhalb jeder beliebigen Normenordnung geben. So gibt es beispielsweise gültige Normen innerhalb einer Vereinsordnung oder innerhalb der Hierarchie der katholischen Kirche. Derartige Normen sind jedoch keine staatlichen Normen oder Rechtsnormen.

Worin besteht nun aber der Rechtscharakter der die Verfassung bildenden *höchsten* Normen einer Rechtsordnung? *Gültig* können diese Normen ja nicht sein, da sie keine abgeleiteten Normen sind. Trotzdem sind sie mit Sicherheit existente Rechtsnormen. Ihre überragende Bedeutung für das Recht liegt ja gerade darin, daß alle anderen, abgeleiteten Rechtsnormen ihren Rechtscharakter der Existenz dieser Rechtsnormen verdanken.

Die Gültigkeit einer Norm im Sinn ihrer Ableitbarkeit aus der Verfassung einer Rechtsordnung kann somit gar keine *notwendige* Bedingung für die Existenz der Norm als Rechtsnorm sein. Verfassungsnormen müssen offenbar nicht gültig sein, um als Rechtsnormen zu existieren. Die Existenz gerade der höchsten Normen einer Rechtsordnung muß vielmehr in etwas anderem bestehen als in einer Form der Gültigkeit. Worin aber besteht sie, und wie wollen wir diese Art der Existenz von Rechtsnormen bezeichnen?

Um diese Fragen zu beantworten, können wir Bezug nehmen auf frühere Ausführungen (S. 24 ff.). Entscheidend ist: Mit einer staatlichen *Verfassung* bzw. mit den höchsten Normen einer *Rechtsordnung* haben wir es genau dann zu tun, wenn jene Normenordnung, an deren Spitze die betreffenden Normen stehen, 1. den Vollzug physischer Zwangsakte zum Inhalt hat und 2. eine bestimmte Form der Wirksamkeit besitzt. So ist das Fehlen der zweiten Bedingung der Grund dafür, daß etwa eine von einer politischen Reformpartei auf dem Papier entworfene «Staatsverfassung» keinen Rechtscharakter hat und nicht das Fundament einer Rechtsordnung darstellt. Und das Fehlen der ersten Bedingung ist der Grund dafür, daß etwa eine spezifisch religiös fundierte Normenordnung, die zwar wirksam ist, deren Wirksamkeit aber *allein* auf der Inaussichtstellung *jenseitiger* Belohnungen und Strafen beruht, ebenfalls nicht als Rechtsordnung zu betrachten ist.

Wie wir in den früheren Ausführungen sahen, *kann* eine Rechtsordnung aber nicht auf Dauer wirksam sein, wenn sie nicht von jenen Amtsträgern (was hier wie im folgenden stets heißen soll: jedenfalls von *zahlreichen* jener Amtsträger), die die von ihr vorgesehenen Zwangsakte setzen, auch *akzeptiert* wird. Das bedeutet: Jene Personen, die als Amtsträger diese Zwangsakte dem Bürger gegenüber anordnen oder vollziehen, müssen dies aus freien Stücken im Einklang mit einer existenten Normenordnung tun, an deren Spitze Ermächtigungsnormen stehen, aus denen sich die Gültigkeit der an sie gerichteten Normen ergibt. Nur wenn diese Voraussetzung erfüllt ist, haben wir tatsächlich eine *Rechtsordnung* vor uns, deren höchste Ermächtigungsnormen eine *Staatsverfassung* als Verfassung einer Rechtsordnung darstellen. Mit anderen Worten: Die die Zwangsakte setzenden Personen müssen sich bei ihrer Tätigkeit freiwillig an Normen gebunden fühlen, die andere, durch die Verfassung ermächtigte Individuen erzeugt bzw. erlassen haben.

Die Existenz der höchsten Rechtsnormen, der Verfassungsnormen, besteht nach alledem in nichts anderem als in ihrer *Akzeptanz durch die Amtsträger, die im Einklang mit ihnen wirksame Zwangsakte setzen.* Aus welchen Motiven heraus die Amtsträger sich zu dieser freiwilligen Anerkennung der Verfassung bereitfinden, ist in diesem Zusammenhang bedeutungslos. Nicht selten werden diese Motive auf verallgemeinerbaren, moralischen Erwägungen beruhen; sie können aber auch in bloßem Traditionsbewußtsein oder in persönlichen Idealen oder Glaubensannahmen (etwa naturrechtlicher oder religiöser Art) verankert sein.

In diesem Zusammenhang stellt sich die Frage: Inwiefern *kann* eine Ermächtigungsnorm überhaupt *akzeptiert* werden? Ohne Zweifel kann eine Gebotsnorm akzeptiert werden. Dies ist nämlich der Fall, wenn ihr Adressat sich die Norm zu eigen gemacht hat und als kategorischen Grund für sein entsprechendes, normgemäßes Handeln anerkennt. Mit anderen Worten: Er befolgt die Norm regelmäßig allein deshalb, *weil* er sie akzeptiert, und nicht aus Furcht vor Sanktionen.

Diese Einstellung der Akzeptanz aber kann der Adressat einer Ermächtigungsnorm dieser Norm gegenüber gar nicht einnehmen. Denn eine *Ermächtigungsnorm* enthält als solche gar keine Handlungsaufforderung, die man befolgen könnte. Sie teilt ihrem Adressaten bloß mit, daß sich ein gewisses Ziel – das Ziel, eine gültige Norm zu erlassen – nur auf dem angegebenen Weg erreichen läßt. Ob der Adressat aber dieses Ziel überhaupt hat, bleibt ihm selbst überlassen. Insofern ist eine Ermächtigungsnorm anders als eine Gebotsnorm nie kategorischer Natur. Man kann sich an einer solchen Norm zwar *orientieren*, sie aber nicht *befolgen*. Also kann der Adressat einer Ermächtigungsnorm diese Norm auch nicht *akzeptieren*. (Vgl. schon oben S. 32 ff.)

All das schließt aber nicht aus, daß gleichwohl der Adressat einer *Gebotsnorm*, deren Gültigkeit auf einer Ermächtigungsnorm beruht, durch seine Akzeptanz der Gebotsnorm auch die betreffende Ermächtigungsnorm indirekt *mitakzeptiert*. Und zwar tut er dies genau dann, wenn die Ermächtigungsnorm für ihn eine Voraussetzung der Akzeptanz der Gebotsnorm ist. Er akzeptiert die Gebotsnorm in diesem Fall nämlich nicht wegen ihres Inhalts, sondern weil sie im Einklang mit der Ermächtigungsnorm erlassen wurde. Er akzeptiert die Ermächtigungsnorm also *indirekt*, insofern er die erlassene Gebotsnorm deshalb akzeptiert, weil er die *Autorität* dessen akzeptiert, der sie erlassen hat. Und in eben diesem Sinn ist es tatsächlich der Fall, daß in einer Rechtsordnung jene Amtsträger, die in Befolgung der an sie gerichteten gültigen Gebotsnormen die Zwangsakte dem Bürger gegenüber setzen, die Verfassung dieser Rechtsordnung akzeptieren.

In diesem Zusammenhang ist zu bedenken, daß eine Ermächtigungsnorm zum Normerlaß ohne weiteres mit einer an denselben Adressaten gerichteten Gebotsnorm zu diesem Normerlaß verbunden sein kann. So wird beispielsweise der Normgeber innerhalb einer Familie (etwa die Mutter) im Fall einer längeren Abwesenheit nicht nur eine andere Person (etwa die Haushälterin) zum Normerlaß gegenüber den Kindern *ermächtigen*, sondern dieser Person auch gleichzeitig *gebieten*, in einem gewissen Rahmen den Kindern gegenüber Normen (Gebotsnormen) zu erlassen. In diesem Fall kann die Haushälterin zwar selbstverständlich die *Gebotsnorm* der Mutter akzeptieren, nicht aber die entsprechende, mit der Gebotsnorm verbundene *Ermächtigungsnorm*. Diese Ermächtigungsnorm können lediglich die Kinder indirekt dadurch akzeptieren, daß sie diese Ermächtigungsnorm als eine Gültigkeitsvoraussetzung der von ihnen direkt akzeptierten, von der Haushälterin erlassenen Gebotsnormen betrachten. Direkt können die Kinder die Ermächtigungsnorm als solche ja schon deshalb nicht akzeptieren, weil diese Norm sich unmittelbar gar nicht an sie als Adressaten richtet. Man kann vielmehr sagen: Die Kinder akzeptieren die Gebotsnormen der Haushälterin, weil sie im Blick auf die Ermächtigungsnorm der Mutter die Haushälterin als *Autorität*, als Quelle gültiger Normen akzeptieren.

Genau das Gleiche gilt im Fall von *rechtlichen* Ermächtigungsnormen. Auch diese Normen können mit entsprechenden Gebotsnormen zum Normerlaß verbunden sein. Eine solche Verbindung findet sich zwar selten auf der höchsten Ebene einer Rechtsordnung, der Verfassungsebene; die Mitglieder der staatlichen Legislative sind gewöhnlich *nicht* rechtlich *verpflichtet*, irgendwelche Normen zu erlassen. Sehr häufig begegnen wir dieser Verbindung jedoch auf einer unteren Ebene der hierarchisch strukturierten Rechtsordnung.

Ein einfaches Beispiel: Ein Richter ist der Adressat *ebenso* einer Gebotsnorm, im Rahmen seiner Zuständigkeit einen Mörder zu einer Freiheitsstrafe zu verurteilen, wie einer Ermächtigungsnorm, wonach er einem Polizeibeamten gegenüber eine gültige Gebotsnorm erlassen kann, die diesen anweist, den Verurteilten zwangsweise seiner Strafe zuzuführen. Diese gültige Gebotsnorm gegenüber dem Polizeibeamten aber hat unter anderem zur Folge, daß auch der im Einklang mit ihr vollzogene Zwangsakt rechtmäßig ist und somit von dem *allgemeinen*, jedermann betreffenden rechtlichen *Verbot* der Zwangsausübung nicht erfaßt wird: Der Polizeibeamte *soll* nicht nur den betreffenden Zwangsakt vollziehen; er *darf* dies selbstverständlich auch.

Nach alledem ist die Existenz der höchsten Rechtsnormen, der Verfassungsnormen, genau genommen identisch mit folgendem Tatbestand: Diejenigen Personen, die in dem betreffenden Gebiet an der Setzung wirksamer physischer Zwangsakte beteiligt sind, befolgen mit ihrer Tätigkeit gewisse von ihnen akzeptierte Gebotsnormen, deren Gültigkeit letztlich auf jene höchsten Rechtsnormen zurückgeht. Anders ausgedrückt: Wir haben es mit der Verfassung einer rechtlichen Normenordnung dann zu tun, wenn die Personen, die wirksame physische Zwangsakte in der Gesellschaft setzen, sich als Amtsträger dieser Normenordnung verstehen, das heißt sich bei ihrer Tätigkeit an jene Normen gebunden fühlen, die im Einklang mit den Ermächtigungsnormen dieser Verfassung erzeugt wurden. Es muß mit anderen Worten der Fall sein, daß diese Personen in den betreffenden Ermächtigungsnormen eine notwendige Voraussetzung für ihre Verpflichtung zur Setzung der Zwangsakte erblicken. Ja, diese Ermächtigungsnormen verdanken ihren Charakter als höchste Ermächtigungsnormen oder Verfassungsnormen der Rechtsordnung allein dieser Tatsache, daß sie in der täglichen Praxis der Zwangsakte setzenden Personen genau diese Funktion erfüllen.

Mit welchem Begriff wollen wir nun die spezifische *Existenz* der per definitionem nicht aus weiteren Normen abgeleiteten Verfassungsnormen, die folglich nicht *gültig* sein können, belegen? Meines Erachtens bietet sich hierfür vor allem der Begriff der *Geltung* an. Ich habe an anderer Stelle dafür argumentiert, eine Sozialnorm beliebiger Art immer dann als «geltend» oder «Geltung besitzend» innerhalb einer Gesellschaft oder Gruppe von Menschen zu bezeichnen, wenn sie von der Mehrheit ihrer Adressaten innerhalb dieser Gesellschaft bzw. Gruppe akzeptiert sowie vertreten wird (siehe Hoerster I, S. 57 ff.). Nach diesem Sprachgebrauch besitzt zum Beispiel die Moralnorm, daß man nicht lügen soll, oder die Norm der Etikette, daß man als Mann beim Betreten einer Kirche den Hut abnehmen soll, in unserer Gesellschaft Geltung. Und zwar kann eine Norm danach offenbar in mehr oder weniger großem Ausmaß Geltung besitzen.

Entsprechend können wir nun sagen, daß die Verfassungsnormen einer Rechtsordnung unter den Amtsträgern, die wirksame Zwangsakte anordnen oder vollziehen, in dem Sinn *gelten* müssen, daß die

Mehrheit der Amtsträger – oder zumindest der wichtigen, hochrangigen Amtsträger – diese Normen im bekannten Sinn des Wortes akzeptiert. So gesehen, ist es also die *Geltung* der obersten Ermächtigungsnormen unter den Personen, die regelmäßig wirksame Zwangsakte in der Gesellschaft setzen, die diese Normen zu *Rechtsnormen* macht.

Wichtig ist: Die obersten Ermächtigungsnormen brauchen nicht innerhalb der *Gesamtbevölkerung* zu gelten, also mehrheitlich oder zumindest weitgehend akzeptiert zu werden, damit wir es mit einer Rechtsordnung und ihrer Verfassung zu tun haben (so schon S. 29). Es kann also Rechtsordnungen geben, die als solche in der betreffenden Gesellschaft insgesamt keine Geltung haben. In diesem Fall hat der Normalbürger, der die Verfassung nicht akzeptiert, auch keinen Grund, die an ihn gerichteten rechtlichen Gebotsnormen *freiwillig* zu befolgen. Häufig werden solche Rechtsordnungen auf Dauer keine große Stabilität besitzen. Doch auch die Normenordnungen von Diktaturen, die unter den Bürgern keine Geltung haben und kaum Unterstützung finden, sind Rechtsordnungen, solange sie sich als wirksam behaupten können. Und hierfür reicht es im Prinzip aus, wenn die gültigen Gebotsnormen dieser Diktaturen jedenfalls von den Amtsträgern akzeptiert und von den Bürgern aus Furcht vor Sanktionen regelmäßig befolgt werden.

Wie steht es ganz generell, wenn wir den soeben erläuterten Begriff der Normgeltung zugrundelegen, um die Geltung der abgeleiteten, also gültigen Rechtsnormen innerhalb der Gesellschaft? Die Antwort auf diese Frage muß differenziert ausfallen. Zunächst müssen wir uns darüber im klaren sein, daß die Geltung – anders als die Gültigkeit – einer Norm nach unserer Definition unabhängig davon ist, ob die Norm sich aus irgendeiner anderen Norm ableiten läßt. Sonst könnte die Verfassung einer Rechtsordnung ja nicht gelten. Aber auch eine beliebige, sich an den Bürger richtende Gebotsnorm verdankt die Geltung, die sie hat, nicht *notwendig* der Tatsache, daß sie eine gültige Rechtsnorm ist. So besitzt etwa das Verbot des Diebstahls in den allermeisten Gesellschaften – als Norm der Sozialmoral – sicherlich auch unabhängig davon eine weitgehende Geltung, daß es eine gültige Rechtsnorm ist. Wir sahen ja schon im Fall der Verfassungsnormen, daß es für ihre Geltung nicht darauf ankommt, auf welche *Motive* die erforderliche Akzeptanz zurückgeht (oben S. 57). Gleiches trifft auch auf jede beliebige Verbotsnorm zu.

Natürlich ist es Sinn der Gültigkeit einer Rechtsnorm, daß sie auch Geltung erlangt bzw. daß ihre bereits aus anderen Gründen bestehende Geltung noch verstärkt wird. Denn für eine Gebotsnorm, die auch Geltung hat, ist die Chance weit größer, daß sie regelmäßig befolgt und somit wirksam wird, als für eine bloß gültige Gebotsnorm, deren Befolgung allein von der Furcht vor Sanktionen abhängt. Trotzdem ist es eine offene Frage, ob und inwieweit eine gültige rechtliche Gebotsnorm aufgrund ihrer Gültigkeit Geltung erlangt, das heißt von ihren Adressaten mehrheitlich akzeptiert wird. Denn es kann, wie wir sahen, ja der Fall sein, daß die Mehrzahl der Bürger nicht einmal die Verfassung akzeptiert und insofern auch keinen Grund hat, die gültigen Gebotsnormen wegen ihrer Gültigkeit zu akzeptieren.

Außerdem aber besteht auch noch die Möglichkeit, daß selbst die Akzeptanz der Verfassung nicht zur Akzeptanz *jeder* gültigen Rechtsnorm führt. Wenn Bürger A die Verfassung akzeptiert, so stellt diese Akzeptanz für A zwar *prima facie* einen guten Grund dar, auch die aus der Verfassung abgeleiteten, gültigen Rechtsnormen zu akzeptieren. Das schließt jedoch nicht aus, daß gewisse verfassungsgemäß erlassene Normen wegen ihres Inhalts A's moralischen Einstellungen oder persönlichen Idealen so sehr zuwiderlaufen, daß A ihre Akzeptanz ablehnt.

Daß man eine bestimmte Autorität prinzipiell als Normgeber akzeptiert, bedeutet nicht, daß man vernünftigerweise auch jede von dieser Autorität erlassene Norm – ohne Rücksicht auf ihren Inhalt – akzeptieren muß. Dies gilt auch dann, wenn die Verfassung einer Rechtsordnung die Autorität der staatlichen Amtsträger zum Normerlaß – etwa durch die Statuierung unabänderlicher, von der staatlichen Gewalt zu respektierender individueller Grundrechte – von vornherein *gewissen* inhaltlichen Schranken unterwirft.

Schließlich ist auch dies nicht auszuschließen, daß gewisse Gebotsnormen einfach aus Egoismus oder aus gewissen irrationalen Motiven heraus nicht akzeptiert werden. Daß die Akzeptanz einer bestimmten Ermächtigungsnorm gleichbedeutend mit der generellen Bereitschaft ist, auch die im Einklang mit dieser Norm erlassenen Gebotsnormen zu akzeptieren, bedeutet nicht, daß diese *generelle* Bereitschaft sich auch in jedem Einzelfall widerstreitenden Motiven gegenüber durchsetzt.

Nach alledem ist es also stets eine offene Frage, ob und in welchem Ausmaß eine gültige Rechtsnorm (insbesondere eine gültige Gebotsnorm) gleichzeitig auch eine Geltung besitzende Rechtsnorm ist. Unter einer Geltung besitzenden Rechtsnorm wird dabei eine zur Rechtsordnung gehörende Sozialnorm verstanden, die – aus welchen Gründen auch immer, also nicht unbedingt *wegen* ihrer rechtlichen Gültigkeit – tatsächlich Geltung innerhalb der Bevölkerung hat. Eine Geltung besitzende *Rechtsnorm* ist somit, außer sie ist eine Verfassungsnorm, stets auch gültig; denn sonst wäre sie keine Rechtsnorm.

Eine Geltung besitzende Rechtsnorm aber ist – anders als eine bloß gültige Rechtsnorm – immer auch, sofern Bedarf besteht, weitgehend wirksam; sonst würde sie ja nicht von ihren Adressaten aus freien Stücken akzeptiert und somit im Bedarfsfall auch befolgt. Nicht jede weitgehend wirksame Rechtsnorm braucht jedoch Geltung zu besitzen. So beruht in einer Diktatur die Wirksamkeit bzw. Befolgung zahlreicher an den Bürger gerichteter, gültiger Gebotsnormen eben nicht auf einer Geltung dieser Normen, sondern allein auf der Furcht vor staatlichen Sanktionen.

Mir ist klar, daß der hier verfolgte Sprachgebrauch von «Gültigkeit» und «Geltung» dem Sprachgebrauch vieler Personen (auch vieler Rechtswissenschaftler) nur teilweise entspricht. Sehr häufig werden nämlich die beiden genannten Begriffe in Bezug auf Rechtsnormen einfach austauschbar verwendet. So wird zum Beispiel von einer gültigen Rechtsnorm auch gesagt, sie «gelte» oder sie sei «geltendes Recht»; und es ist ebenfalls nicht unüblich, von einer «geltenden Rechtsordnung» zu sprechen. Nach meiner Definition von «Geltung» stellt die Geltung dagegen eine Eigenschaft einer *einzelnen* existenten Norm *beliebigen* Ursprungs dar, die diese Norm in ihrer Funktion den Adressaten gegenüber besitzt.

Trotzdem erscheint es mir terminologisch unbedenklich, jedenfalls an der Redeweise «Norm n ist geltendes Recht» festzuhalten. Man kann diesen Satz nämlich ohne weiteres als Kurzfassung des folgenden Satzes verstehen: «Norm n ist eine gültige Rechtsnorm, die im Rahmen einer existenten Rechtsordnung aus einer geltenden Verfassung ableitbar ist».

Wichtiger als die Frage der Terminologie ist das Festhalten an der Erkenntnis, daß man, wie gezeigt, unbedingt zwischen zwei verschiedenen Arten der Existenz von Rechtsnormen unterscheiden muß. Durch bloßen Rekurs auf den *üblichen* Sprachgebrauch der Menschen – auch der Juristen – ist eine so komplexe Wirklichkeit wie eine Rechtsordnung nicht adäquat erfaßbar. Denn die *Annahmen* der Menschen über diese Wirklichkeit, die ihrem üblichen Sprachgebrauch zugrundeliegen, sind allzu häufig in wesentlichen Punkten unzutreffend oder verworren.

7. Der sogenannte Rechtspositivismus

In meinen bisherigen Ausführungen zum Begriff des Rechts als Zwangsordnung sowie zum Wesen der Rechtsnorm und ihrer verschiedenen Typen hat der Begriff der Moral keine Rolle gespielt. Davon, daß entweder eine Normenordnung als ganze oder eine einzelne Norm, um als *Rechtsordnung* bzw. als *Rechtsnorm* bezeichnet zu werden, gewissen moralischen Anforderungen genügen muß, war nicht die Rede. Im vorliegenden Kapitel geht es nun um die Frage, ob eine solche Sichtweise tatsächlich überzeugen kann. War etwa die Zwangsordnung des «Dritten Reichs», die den in den vorangehenden Kapiteln aufgestellten begrifflichen Anforderungen anscheinend genügen kann, tatsächlich eine «Rechtsordnung»? Und war jede einzelne im Rahmen dieser Zwangsordnung gültige Norm tatsächlich – ohne jede Rücksicht auf ihren Inhalt – eine gültige «Rechtsnorm»?

Dies sind Fragen, die innerhalb der Rechtsphilosophie seit je äußerst umstritten sind. Während die Vertreter des «Rechtspositivismus» einem Rechtsbegriff das Wort reden, der moralisch vollkommen neutral ist, sind ihre Gegner in diesem Punkt entschieden anderer Meinung. Sie halten eine begriffliche Verknüpfung des Rechts zumindest mit *gewissen* moralischen Anforderungen für unverzichtbar. Ohne diesen Anforderungen zu genügen, seien die betreffenden Normen kein Recht, sondern Unrecht. Wie wir im folgenden im einzelnen sehen werden, ist die gesamte Problematik komplexer, als es auf den ersten Blick den Anschein hat. Denn der Begriff «Rechtspositivismus» wird in der Literatur in ganz verschiedenen Bedeutungen verwendet, die es bei einer kritischen Erörterung dieser Lehre auseinanderzuhalten gilt.

Die Gegner eines rechtspositivistischen Rechtsbegriffs sind natürlich unmittelbar mit der Frage konfrontiert, wie die von ihnen für unverzichtbar gehaltenen moralischen Anforderungen an den Rechtsbegriff denn lauten und wie sich diese Anforderungen ethisch begründen lassen. Die Frage nach der *Begründung* des Rechts stellt sich jedoch auch für die Rechtspositivisten. Denn auch wenn der *Begriff* des Rechts moralneutral verstanden wird, bedeutet dies ja nicht, daß jede Rechtsordnung und jede Rechtsnorm ohne weiteres, nur weil sie existiert, auch ethisch legitim ist.

Man könnte im Zusammenhang der Fragestellung dieses Kapitels auf den Gedanken kommen, daß in Wahrheit doch schon in meinen bisherigen Ausführungen die These einer *gewissen*, wenngleich inhaltlich recht unbestimmten Verbindung von Recht und Moral enthalten sei. Und zwar sei diese These in der oben (S. 26 f.) aufgestellten Behauptung enthalten, daß eine Rechtsordnung, um wirksam zu sein, notwendig darauf angewiesen ist, in Gestalt ihrer Verfassung von ihren Amtsträgern freiwillig akzeptiert und anerkannt zu werden. Muß man aus dieser Behauptung nicht den Schluß ziehen, daß die letzte Basis jeder Rechtsordnung jedenfalls in einer *moralischen Einstellung* der Amtsträger liegt?

Dieser Schluß wäre, wie gesagt, von vornherein nicht in dem Sinn berechtigt, daß bestimmte *inhaltliche* Anforderungen in den Rechtsbegriff notwendig eingehen. Denn die von den jeweiligen Amtsträgern akzeptierten Staatsverfassungen können ja ganz unterschiedliche Inhalte haben. Denkbar wäre jedoch, daß die Einstellung oder Haltung der Amtsträger in dem Sinn moralischer Natur sein muß, daß sie gewissen *formalen* Kriterien genügt, durch die sich eine solche Einstellung typischerweise von normativen Einstellungen anderer Art – etwa Einstellungen der Sitte, des Brauchtums oder der Konvention – unterscheidet. Ich habe an anderer Stelle argumentiert, daß eine moralische Einstellung – ganz unabhängig von ihrem Inhalt – anderen normativen Einstellungen gegenüber dadurch gekennzeichnet ist, daß ihr Vertreter sie in einer verallgemeinerbaren, von jedem Bezug auf irgendwelche Eigennamen freien Form vertritt (siehe Hoerster I, S. 61 f.).

Sind die normativen Einstellungen der Amtsträger gegenüber ihrer Verfassung also notwendig zumindest in diesem formalen Sinn moralischer Natur? Diese Frage ist eindeutig zu verneinen. Sicher werden die betreffenden Einstellungen nicht selten moralischer Natur sein. So werden vermutlich nicht wenige Amtsträger im heutigen Deutschland der Auffassung sein, die von ihnen akzeptierte Verfassung solle, was jedenfalls ihren wesentlichen, demokratischen Gehalt angeht, weltweit überall von den betreffenden Staatsorganen akzeptiert werden. Eine derartige Sichtweise ist jedoch zum Funktionieren einer wirksamen Rechtsordnung weder notwendig noch tatsächlich zu jeder Zeit in allen Staaten Realität. So läßt sich feststellen, daß die Amtsträger nicht weniger Staaten in Geschichte und Gegenwart mit ihrer Akzeptanz der eigenen Verfassung gar keine verallgemeinerbaren, über die eigenen Staatsgrenzen hinausgehenden Ansprüche irgendwelcher Art verbinden, sondern sich zur Begründung ihrer Einstellung vollkommen damit zufriedengeben, daß diese Einstellung der hergebrachten Anschauung und Tradition der eigenen Nation entspricht.

Es gibt keine Position innerhalb der Rechtsphilosophie, die seit Jahrzehnten in Deutschland unter Juristen ebenso wie in der breiten Öffentlichkeit einen so schlechten Ruf genießt wie der Rechtspositivismus. Das hat vor allem den folgenden Grund: Man unterstellt den Vertretern dieser Position immer wieder Auffassungen, die sie in Wahrheit nicht vertreten. Diese Auffassungen, die in der Tat weitgehend abwegig sind, wirft man dabei in einen Topf mit jenen Auffassungen, die die führenden modernen Vertreter dieser Position tatsächlich vertreten. Das führt dann dazu, daß die letzteren Auffassungen, für die in Wahrheit vieles spricht, ebenfalls als abwegig betrachtet werden und daß so der Rechtspositivismus als solcher stets von neuem in Verruf gerät.

Zum Beleg dieser Behauptung seien zwei in Deutschland derzeit renommierte Denker, ein Rechtswissenschaftler und ein Philosoph, zitiert, die beide zu den Grundfragen der Rechtsphilosophie ausführlich Stellung genommen haben. Indem ich ihre jeweilige Darstellung des Rechtspositivismus im folgenden kritisiere, werde ich versuchen, die verschiedenen Thesen, die gemeinhin mit dem Rechtspositivismus verbunden werden, deutlich voneinander abzugrenzen und so den wahren, tatsächlich vertretenen Gehalt des Rechtspositivismus zur Diskussion zu stellen.

Der Rechtswissenschaftler Martin Kriele schreibt, für den Rechtspositivismus zähle «das gesetzte Recht, also das vom Machthaber erlassene und mit Zwangsmitteln durchgesetzte Recht». Kriele fährt fort: «Der Rechtspositivismus lehrt: Fragen nach der Gerechtigkeit seien politischer und moralischer Natur und gingen den Juristen in seiner Berufsausübung nichts an: ‹Gesetz ist Gesetz›. Andernfalls gebe es keine staatliche Ordnung, keine verbindlichen Entscheidungen, keine Rechtssicherheit, keinen inneren Frieden» (Kriele I, S. 4). Nach rechtspositivistischer Lehre, so schreibt Kriele, besitze «der Gesetzgeber dem Juristenstand gegenüber ... ein Rechtsetzungsmonopol» (Kriele I, S. 66).

Außerdem hängt der Rechtspositivismus für Kriele eng zusammen mit dem Relativismus. Der Relativismus nämlich negiert die «Gebote des Naturrechts» (Kriele I, S. 6) und die sich daraus ergebenden «Argumente der Gerechtigkeit» (Kriele I, S. 9). Er erklärt «den Unterschied zwischen freiheitlichen, rechtsstaatlichen Ordnungen und Unrechtssystemen für einen relativen Unterschied zwischen im Prinzip moralisch gleichwertigen Systemen» (Kriele I, S. 17).

Es ist diese relativistische Grundauffassung, die laut Kriele den Rechtspositivisten zu der Annahme veranlaßt, daß nur der Gesetzgeber Ordnung und Rechtssicherheit garantieren kann. Der Rechtspositivist glaubt nämlich: «Da rechtspolitische und juristische Fragen meistens kontrovers sind, würde es Anarchie bedeuten, wenn jeder sich durch das Recht nur dann als verpflichtet ansehen wollte, wenn er die Entscheidungen moralisch billigt» (Kriele II, S. 423 f.). Deshalb ist der Rechtspositivismus für Kriele auch eng mit der Idee verknüpft, die «richterliche Rechtsfortbildung» möglichst überflüssig zu machen, so daß der Richter als ein «reiner Gesetzesanwendungsautomat» begriffen werden kann (Kriele I, S. 66).

Ein in wesentlicher Hinsicht ähnliches Verständnis des Rechtspositivismus findet sich bei dem Philosophen Otfried Höffe. Für Höffe ist der Rechtspositivismus die radikale Gegenposition zum Anarchismus. Während dieser *keine* mögliche Rechtsordnung für legitim hält, hält jener, so Höffe, jede mögliche Rechtsordnung für legitim: «Die These des strengen Rechts- oder Staatspositivismus besteht in der Blankovollmacht oder uneingeschränkten Bejahung eines Rechts- und Staatswesens» (Höffe, S. 20).

Der Rechtspositivismus ist für Höffe damit gleichbedeutend mit einem «Rechtsanarchismus, demgemäß beliebige Vorschriften in den Rang geltenden Rechts erhoben werden dürften» (Höffe, S. 434). Jede «Berufung auf eine überpositive Kritikinstanz» hat für den Rechtspositivismus «ihren Sinn verloren»; von ihm wird «der Gerechtigkeitsfrage das Lebensrecht abgesprochen» (Höffe, S. 18). Die Folge ist laut Höffe eine «Absolutsetzung von positivem Recht und Staat» sowie die Neigung «zu einem politischen Amoralismus und zu einem Zynismus der Macht» (Höffe, S. 23).

Es ist leicht nachvollziehbar, daß der Philosoph mit einer solchen rechtstheoretischen Position nicht glücklich sein kann und sich aufgerufen fühlt, im Widerspruch zu ihr «die sittliche Perspektive ... von Rechts- und Staatsverhältnissen zu begründen» (Höffe, S. 19). Dabei kann nur durch eine «Neuvermessung des Rechts- und Staatsdiskurses in einer Radikalität ..., die ihr einen fundamentalphilosophischen Rang verleiht», der Rechtspositivismus und seine «zynische Konsequenz abgewehrt werden, Recht und Staat der Willkür der Herrschenden zu überlassen» (Höffe, S. 28 bzw. S. 26).

Man kann die Quintessenz des Verständnisses des Rechtspositivismus, wie es in den Texten von Kriele und Höffe zum Ausdruck kommt und wie es für eine in Deutschland verbreitete Sichtweise keineswegs untypisch ist, wie folgt zusammenfassen: Jede existente, auf Macht gestützte Rechtsordnung ist gleicherweise legitim, verbindlich und befolgungswürdig; eine moralische Kritik an den gültigen Normen einer Rechtsordnung ist grundsätzlich verfehlt. Außer dieser von beiden Denkern behaupteten Kernthese des Rechtspositivismus werden dieser Lehre in Krieles Darstellung, wenn man genau hinschaut, noch weitere, spezifisch juristische Thesen zugeschrieben.

Im folgenden wollen wir uns fragen, inwieweit die genannte Kernthese bzw. die weiteren Thesen tatsächlich den Rechtspositivismus, so wie er von seinen führenden Vertretern verstanden wird, zutreffend kennzeichnen. Vor allem aber wollen wir untersuchen, ob jener Rechtspositivismus, wie er tatsächlich vertreten wird, haltbar ist oder nicht. Es sind vor allem die folgenden fünf Thesen, die insgesamt oder teilweise dem Rechtspositivismus von seinen erklärten Gegnern wie Kriele oder Höffe regelmäßig – mehr oder weniger deutlich – zugeschrieben werden. Eine präzise Darstellung sowie eine strikte Unterscheidung dieser fünf Thesen sind unabdingbare Voraussetzung jeder kritischen Würdigung des Rechtspositivismus. Die fünf Thesen lauten sinngemäß wie folgt:

1. Der Begriff des Rechts ist inhaltlich neutral zu definieren (Neutralitätsthese).
2. Der Begriff des Rechts ist durch den Begriff des Gesetzes zu definieren (Gesetzesthese).
3. Die Anwendung des Rechts erfolgt im Wege wertungsfreier Subsumtion (Subsumtionsthese).
4. Die Maßstäbe *richtigen* Rechts sind subjektiver Natur (Subjektivismusthese).
5. Die Normen des Rechts sind in jedem Fall zu befolgen (Befolgungsthese).

Es sind diese fünf verschiedenen Thesen, von denen einige oder alle seit Jahrzehnten immer wieder dem Rechtspositivismus zugeschrieben werden. Dabei erfolgt diese Zuschreibung gewöhnlich in einer Ausdrucksweise, die jegliche analytische Klarheit und Differenziertheit vermissen läßt. (Vgl. die obigen Zitate aus den Werken Krieles und Höffes.)

Werden diese Thesen nun von jenen Denkern, die sich als «Rechtspositivisten» verstehen, tatsächlich vertreten? Diese Frage soll hier nicht umfassend beantwortet werden. Wir wollen unsere Antwort vielmehr beschränken auf die beiden unbestritten wichtigsten und prominentesten Rechtspositivisten des vergangenen Jahrhunderts, nämlich auf die in diesem Buch schon mehrfach zu Wort gekommenen Rechtsphilosophen Hans Kelsen und H. L. A. Hart.

Doch ganz unabhängig davon, ob alle oder einige der Thesen 1 bis 5 tatsächlich von einem Rechtspositivisten wie Kelsen oder Hart vertreten werden, wollen wir *jede* dieser Thesen auf ihre Plausibilität und Begründetheit hin untersuchen. Denn primär geht es uns ja nicht um die Frage, inwieweit ein sogenannter Rechtspositivismus recht oder unrecht hat, sondern darum, herauszufinden, wie der Begriff des Rechts im Hinblick auf den zweifellos bestehenden, mehrdeutigen Zusammenhang zwischen Recht und Moral sinnvollerweise verstanden und definiert wird.

Zu These 1. Die Neutralitätsthese, wonach der Rechtsbegriff inhaltlich neutral zu definieren ist, steht tatsächlich im Zentrum jeder rechtspositivistischen Sichtweise. Sie wird insbesondere von Kelsen sowie Hart in aller Deutlichkeit vertreten. So kann laut Kelsen «jeder beliebige Inhalt Recht sein» (Kelsen I, S. 201). Und Hart plädiert ausdrücklich dafür, im Sinne eines *weiten* Rechtsbegriffs alle jene Normen als Recht zu qualifizieren, «die den formalen Kriterien einer Rechtsordnung genügen, selbst wenn einige dieser Normen gegen die eigene Moral der betreffenden Gesellschaft oder gegen eine von uns vielleicht als aufgeklärt oder wahr betrachtete Moral verstoßen» (Hart I, S. 209).

Häufig wird die hier angesprochene These 1 auch als «Trennungsthese» bezeichnet – als These der Trennung von Recht und Moral. Diese Bezeichnung ist jedoch gewissen Mißverständnissen ausgesetzt. These 1 besagt nämlich keineswegs, daß in die Rechtsordnung einer Gesellschaft keine moralischen Werte oder Überzeugungen Eingang finden oder Eingang finden sollen. Der Rechtspositivismus nimmt weder zu faktischen noch zu normativ-politischen Fragen der *Entstehung* des Rechts Stellung. Und These 1 besagt auch nicht etwa, daß existente Rechtsnormen nicht durch einen ausdrücklichen Verweis auf gewisse moralische Prinzipien oder Überzeugungen diese in die Rechtsordnung einer Gesellschaft aufnehmen können. So erklärt beispielsweise § 138 Bürgerliches Gesetzbuch ein Rechtsgeschäft für nichtig, das «gegen die guten Sitten verstößt». Es ist in diesem Fall mit dem Rechtspositivismus völlig vereinbar, zur Ermittlung dessen, was Inhalt des gültigen Rechts ist, die «guten Sitten» heranzuziehen. Denn ebenso wie auf die «guten» Sitten könnte eine bestimmte Rechtsnorm auch auf die «schlechten» Sitten oder auf die «jüdischen» Sitten verweisen. Der Neutralitätsthese, wie oben erläutert, tun solche Verweise keinen Abbruch.

Da die Neutralitätsthese, wie gesagt, im Zentrum jedes rechtspositivistischen Verständnisses des Rechts steht und außerdem bis heute unter Philosophen wie Juristen äußerst umstritten ist, werde ich das Pro und Kontra dieser These im folgenden Kapitel sehr ausführlich erörtern. Bevor ich das tue, will ich jedoch auf die Thesen 2 bis 5 eingehen sowie zeigen, wieso die rechtspositivistische Neutralitätsthese von ihnen völlig unabhängig ist.

Zu These 2. Ist es sinnvoll, den Rechtsbegriff durch den Gesetzesbegriff zu definieren, also Recht und Gesetz gleichzusetzen? Für einen Rechtspositivisten scheint dies deshalb nahezuliegen, weil der Wortbestandteil «positiv» suggeriert, daß alles Recht «gesetzt», also von einem Gesetzgeber erlassen sein müsse. In Wahrheit verdient die Gesetzesthese jedoch eine klare Absage und wird auch von keinem modernen Rechtspositivisten vertreten. Der Grund liegt darin, daß es neben Gesetzesrecht in einer Rechtsordnung ohne weiteres auch so etwas wie Gewohnheitsrecht oder Richterrecht geben kann.

Was ist *Gewohnheitsrecht*? Von Gewohnheitsrecht spricht man dann, wenn es sich um Normen handelt, die innerhalb einer Rechtsordnung von ihren Adressaten ebenso wie wegen ihrer Gültigkeit akzeptierte Gesetzesnormen behandelt werden, obschon sie nicht auf einem Gesetzeserlaß beruhen, sondern identisch sind mit gewissen als verbindlich akzeptierten Gewohnheiten oder Regeln.

Nach genau welchen Kriterien eine Norm als Norm gewohnheitsrechtlicher Art identifizierbar ist, können wir in diesem Zusammenhang offenlassen. Feststeht jedenfalls, daß in manchen Rechtsordnungen gewisse auf einer gewohnheitsmäßigen Übung basierende Normen regelmäßig als existente Rechtsnormen Anerkennung finden. Ob eine bestimmte Rechtsordnung in diesem Sinn tatsächlich neben Gesetzesrecht auch Gewohnheitsrecht enthält, muß für jede Rechtsordnung gesondert geprüft werden. Es kann sogar sein – wie das Beispiel Großbritanniens zeigt –, daß selbst die Verfassung einer Rechtsordnung gewohnheitsrechtlicher Natur ist.

Was Kelsen und Hart betrifft, so haben beide ausdrücklich und ausführlich auf die Möglichkeit der Existenz von Gewohnheitsrecht im Rahmen einer Rechtsordnung hingewiesen. (Siehe Kelsen I, S. 9 und S. 231 f. sowie Hart I, S. 44 ff.) Zu erwähnen ist in diesem Zusammenhang allerdings, daß sich Normen des Gewohnheitsrechts in das Kelsensche Verständnis vom Wesen einer Rechtsnorm tatsächlich kaum integrieren lassen. Das liegt daran, daß es laut Kelsen zum Wesen jeder Norm schlechthin gehört, daß sie von einer zum Normerlaß ermächtigten Autorität *gesetzt* ist – in Kelsens Worten: «Keine Norm ohne eine normsetzende Autorität» (Kelsen II, S. 23). Normen des Gewohnheitsrechts aber werden in Wahrheit ebensowenig von jemandem erlassen oder gesetzt wie etwa die gängigen Normen der Moral oder der Etikette. Die Existenz oder Geltung derartiger Normen innerhalb einer Gesellschaft besteht vielmehr darin, daß die meisten Mitglieder der Gesellschaft ihnen zustimmen, das heißt sie *sowohl* den Mitbürgern gegenüber vertreten *als auch* in ihrer Eigenschaft als Normadressaten selbst akzeptieren.

So wird beispielsweise eine Norm der Etikette wie die, daß man auch im Sommer nicht nackt in der Öffentlichkeit herumlaufen soll, von dem Einzelnen *sowohl* den anderen gegenüber vertreten (und gegebenenfalls auf informelle Weise sanktioniert) *als auch* zur eigenen Verhaltenssteuerung akzeptiert. Es fehlt hier also offensichtlich an jenem typisch hierarchischen Verhältnis, wie es für den *Erlaß* einer Norm durch eine Autorität wie die Eltern oder den Gesetzgeber charakteristisch ist.

Unrecht hat Kelsen auch, wenn er annimmt, daß aus jeder beliebigen Gewohnheit, die «eine gewisse Zeit» anhält, automatisch eine Norm wird (Kelsen I, S. 9). Es gibt eine Vielzahl von anhaltenden sozialen Gewohnheiten (wie die Gewohnheit, täglich fernzusehen), die mit keinem normativen Anspruch verbunden werden. Nicht jede Gewohnheit erzeugt eine verbindliche Norm.

Was außerdem das *Richterrecht* angeht, so läßt sich dieses am besten als eine bestimmte Unterart von Gewohnheitsrecht verstehen. Auch Richterrecht kann im Rahmen einer Rechtsordnung neben dem Gesetzesrecht ohne eine besondere Ermächtigung Anerkennung finden.

Wichtig ist hier, daß man den Begriff des Richterrechts nicht falsch versteht. Gemeint ist nicht etwa das Recht, das Richter sprechen, indem sie individuelle Fälle im Rahmen ihrer Zuständigkeit mit rechtlicher Verbindlichkeit entscheiden. Daß es in einer Rechtsordnung Richterrecht im Sinn verbindlicher individueller Fallentscheidungen gibt, ist nichts anderes als eine Konsequenz der Funktion des Richters und insofern für *jede* Art von Rechtsordnung trivialerweise zutreffend. Unter Richterrecht im Sinn einer eigenständigen Rechtsquelle jedoch versteht man verbindliche *Sozialnormen* im Rahmen einer Rechtsordnung, die dadurch zustandekommen, daß sich innerhalb der Richterschaft dieser Rechtsordnung eine bestimmte normative Gewohnheit oder Übung der Fallentscheidung bildet. Mit anderen Worten: Richterliche Fallentscheidungen gewinnen, verstanden als «Präjudizien», die Funktion von Gesetzen und binden insofern die staatlichen Amtsträger, insbesondere die Richterschaft, bei ihren *künftigen* Fallentscheidungen.

Auch diese Art eines spezifisch richterlichen Gewohnheitsrechts kann in einer Rechtsordnung – wie das sogenannte *case law* in den Rechtsordnungen des angelsächsischen Rechtskreises – eine wichtige Ergänzung zu dem auf Ermächtigung basierenden Gesetzesrecht darstellen.

Hinzuweisen ist an dieser Stelle noch auf die Unabhängigkeit der Neutralitätsthese (These 1) von These 2. Es dürfte ohne weiteres einleuchten, daß These 1 durch die Unrichtigkeit von These 2 unberührt bleibt. Denn auch mögliches Gewohnheits- bzw. Richterrecht, wie oben definiert, läßt sich prinzipiell auf inhaltlich neutrale Weise, nach rein formalen Kriterien ermitteln sowie darstellen. Sollte These 1 sich in Bezug auf das Gesetzesrecht als wohlbegründet erweisen, so kann für Gewohnheits- bzw. Richterrecht gewiß nichts anderes gelten.

Zu These 3. Die Subsumtionsthese wird ebenso wie die Gesetzesthese jedenfalls heutzutage von niemandem mehr vertreten. Erst recht die Rechtspositivisten Kelsen und Hart sind meilenweit davon entfernt, den das Recht anwendenden Amtsträger, insbesondere den Richter, wie Kriele suggeriert (siehe oben S. 68), als bloßen «Automaten» zu begreifen. Vielmehr vertreten beide Denker ganz dezidiert die Auffassung, daß es jedenfalls für zahlreiche rechtsanwendende Entscheidungen durchaus nicht nur eine einzige, aus vorgegebenen Rechtsnormen logisch deduzierbare Lösung gibt. (Siehe Kelsen I, S. 350 ff. sowie Hart I, Kap. VII.) Warum diese Auffassung tatsächlich richtig ist und was daraus im einzelnen folgt, wird uns in Kapitel 12 noch ausführlich beschäftigen.

Es ist also entgegen These 3 durchaus der Fall, daß jedenfalls bisweilen die Rechtsanwendung *nicht* wertungsfrei erfolgen kann. Doch diese Tatsache steht nicht in Widerspruch zur rechtspositivistischen Neutralitätsthese. Denn solange ein Amtsträger im Rahmen seiner Kompetenz einen problematischen Fall der Rechtsanwendung noch nicht entschieden hat, gibt es für diesen Fall auch keine rechtliche Lösung, die man darstellen könnte. Nachdem die Entscheidung jedoch gefallen ist, läßt sie sich natürlich auch vollkommen neutral darstellen. Daß ein Richter eine eigene Wertung vornehmen muß, bedeutet ja nicht, daß auch etwa der Journalist, der die richterliche Entscheidung als rechtsverbindlich darstellt und verbreitet, eine solche Wertung vornehmen müßte. Die Tatsache, daß in die Rechtsanwendung durch den Amtsträger oft eine Wertung eingeht, berührt die Neutralitätsthese so wenig wie die Tatsache, daß in die Rechtsetzung durch den Gesetzgeber gewöhnlich eine Wertung eingeht.

Zu These 4. Die Subjektivismusthese besagt folgendes. Es gibt keine Maßstäbe oder Kriterien richtigen oder begründeten Rechts, die objektiver Natur sind. Anders ausgedrückt: Es gibt keine vorpositiven, dem Wünschen und Wollen des Menschen vorgegebenen und vom Menschen erkennbaren ethischen Maßstäbe oder Normen, anhand deren sich feststellen ließe, wie die positiven Normen einer Rechtsordnung richtigerweise zu lauten haben. (Vgl. zum Begriff der vorpositiven Norm oben S. 44 ff.) Es gibt in diesem Sinn also auch kein sogenanntes *Naturrecht*. Die Subjektivismusthese läßt es jedoch offen, ob auf der Basis der subjektiven Interessen der betroffenen Menschen so etwas wie eine *intersubjektive* Begründung gewisser inhaltlicher Anforderungen an das Recht möglich ist.

These 4 wird von den meisten Rechtspositivisten, die jedenfalls die Neutralitätsthese vertreten, ebenfalls vertreten. Sie wird insbesondere auch von Kelsen und von Hart vertreten. (Siehe Kelsen I, S. 402 ff. und Hart I, S. 185 ff.) Wir werden These 4 in Kapitel 9 erörtern und in diese Erörterung auch die eventuelle Möglichkeit einer intersubjektiven Begründung von inhaltlichen Anforderungen an das Recht einbeziehen.

Wie aber steht es um die *Unabhängigkeit* der Subjektivismusthese von der Neutralitätsthese? Diese Frage ist nicht ganz so leicht zu beantworten wie im Fall der bisher behandelten Thesen. Immerhin scheint die soeben erwähnte Tatsache, daß die meisten Rechtspositivisten gleichzeitig beide Thesen vertreten, nicht auf Zufall zu beruhen. Folgenden Zusammenhang kann man sich durchaus vorstellen: A ist aus erkenntnistheoretischen Gründen der Überzeugung, daß unserer Erkenntnis keine vorpositiven Verhaltensmaßstäbe oder Normen zugänglich sind. Also ist A der Überzeugung, daß wir auch keine vorpositiven Rechtsnormen erkennen können. Folglich liegt es für A nahe, daß er den Begriff des Rechts so definiert, daß dieser Begriff ausschließlich auf die Charakteristika der in der empirischen Realität existenten Rechtsordnungen abstellt.

Eine derartige Verknüpfung zwischen den beiden Thesen hat zweifellos eine gewisse psychologische Plausibilität. Logisch gesehen, ist diese Verknüpfung jedoch aufgrund der folgenden Erwägungen nicht zwingend. 1. Auch wenn These 4 falsch ist, wenn es also so etwas wie ein «Naturrecht» gibt, spricht offenbar einiges dafür, das empirisch reale Recht mit seinem wechselnden Inhalt von diesem inhaltlich konstanten, vorpositiven Recht begrifflich abzugrenzen. Die Neutralitätsthese ist also nicht unbedingt auf die Subjektivismusthese als Prämisse angewiesen. 2. Auch wenn These 4 richtig ist, wenn es also kein «Naturrecht» gibt, könnte es doch sinnvoll sein, den Rechtsbegriff solchen inhaltlichen Beschränkungen zu unterwerfen, die auf gewisse für unverzichtbar gehaltene Moralvorstellungen in der jeweiligen Bevölkerung zurückgehen. Die Subjektivismusthese ist also allein nicht ausreichend, um die Neutralitätsthese zu begründen. Nach alledem sind die beiden Thesen also in *jeder* Hinsicht logisch voneinander unabhängig.

Allerdings ist zuzugeben, daß die Bejahung der Neutralitätsthese bei gleichzeitiger Verneinung der Subjektivismusthese unter *terminologischem* Gesichtspunkt problematisch erscheinen könnte. Denn es gäbe unter dieser Voraussetzung ja ein inhaltlich feststehendes «Naturrecht», das trotzdem – jedenfalls in manchen Staaten, die ihm nicht Rechnung tragen – kein «Recht» wäre. Sollte man ein «Naturrecht» aber nicht in jedem Fall auch als «Recht» bezeichnen?

Wie ich in Kapitel 9 argumentieren werde, gibt es tatsächlich kein «Naturrecht». Das angesprochene terminologische Problem entsteht also tatsächlich nicht. Andernfalls ließe es sich jedoch wie folgt lösen: Man verwendet den Rechtsbegriff als Oberbegriff jener Normen, die im Rahmen einer staatlichen Zwangsordnung *entweder* real existieren *oder* von einem objektiven Standpunkt aus existieren sollten. Des näheren bezeichnet man dann Normen der zweiten Art als «Naturrecht» oder «vorpositives Recht» und Normen der ersten Art als «positives Recht». So gesehen, treten dann –

in sämtlichen fünf obigen Thesen (S. 70) – an Stelle des Wortes «Recht» einfach die Wörter «positives Recht». An der eigentlichen Kontroverse um den Rechtspositivismus und an den Argumenten Pro und Kontra in Bezug auf die rechtspositivistische Neutralitätsthese ändert sich durch diesen terminologischen Schachzug nichts.

Zu These 5. Die Befolgungsthese ist eindeutig normativer, und zwar normexpressiver Natur. Es handelt sich bei dieser These nämlich keineswegs um eine innerrechtliche, sondern um eine moralische bzw. ethische These. Denn daß die Normen einer existenten Rechtsordnung *vom Standpunkt dieser Rechtsordnung aus* verbindlich und somit zu befolgen sind, ist eine Trivialität und bedarf keiner besonderen Erwähnung.

Die moralisch bzw. ethisch zu verstehende Befolgungsthese jedoch vertritt kein moderner Rechtspositivist, insbesondere nicht Kelsen oder Hart (siehe Kelsen I, S. 70 und Hart I, S. 207 ff.). Diese These von einem aufgeklärten Standpunkt aus zu vertreten, wäre in der Tat *gerade* für einen Anhänger der Neutralitätsthese extrem unplausibel. Denn sie wäre für ihn ja gleichbedeutend mit der These der moralischen Verbindlichkeit sowie Befolgungswürdigkeit einer Rechtsnorm jeden beliebigen Inhalts. Gerade für den Rechtspositivisten, für den es eine offene Frage der jeweiligen Rechtsordnung ist, welchen Inhalt das Recht hat, ist es eine mindestens ebenso offene Frage, wie dieser Rechtsinhalt zu bewerten ist und ob eine Rechtsnorm mit diesem Inhalt unter einem umfassend normativen, insbesondere einem moralischen Aspekt letztlich befolgungswürdig ist.

Wie unter diesen Umständen Autoren wie Kriele und Höffe dem Rechtspositivismus unterstellen können, er halte jede existente Rechtsordnung und jede existente Rechtsnorm für gleicherweise legitim sowie befolgungswürdig, ist schwer nachvollziehbar: Wie kann Kriele etwa behaupten, der Unterschied zwischen einem freiheitlichen Rechtsstaat und einem Unrechtssystem sei für den Rechtspositivismus lediglich ein Unterschied «zwischen im Prinzip moralisch gleichwertigen Systemen» (siehe oben S. 68)? Und wie kann Höffe etwa behaupten, der Rechtspositivismus sei ein zynischer Rechtsamoralismus, wonach man «beliebige Vorschriften in den

Rang geltenden Rechts» erheben darf (siehe oben S. 69)? Mit einer wissenschaftlichen Auseinandersetzung haben derartige Behauptungen kaum etwas zu tun.

Unter welchen näheren Voraussetzungen eine Person eine Rechtsordnung bzw. eine Rechtsnorm für moralisch legitim und für befolgungswürdig hält, hängt natürlich von den normativen Einstellungen dieser Person ab. Und ob und inwieweit diese Einstellungen rational begründet sind, hängt von Überlegungen ethischer Natur ab. In diesem Zusammenhang ist die metaethische Frage nach der Haltbarkeit oder Unhaltbarkeit der Subjektivismusthese (These 4) in hohem Maß von Relevanz. Wir werden deshalb die Befolgungsthese – nach einer Diskussion der Subjektivismusthese in Kapitel 9 – in Kapitel 11 näher erörtern.

Nach alledem können wir zu folgendem Schluß kommen: Von den fünf genannten Thesen, die dem Rechtspositivismus häufig ohne Unterschied von seinen Gegnern zugeschrieben werden, werden die – in der Tat abwegigen – Thesen 2, 3 und 5 von Anhängern des Rechtspositivismus gar nicht vertreten. Vertreten werden von den Anhängern des Rechtspositivismus allerdings These 1 und nicht selten auch These 4. Da jedoch auch diese beiden Thesen logisch voneinander unabhängig sind, müssen auch sie getrennt auf ihre Begründetheit hin untersucht werden. Auch empfiehlt es sich, wegen dieser gegenseitigen Unabhängigkeit der beiden Thesen die Lehre des Rechtspositivismus allein durch These 1 (die Neutralitätsthese), die jedenfalls die Kernthese aller «Rechtspositivisten» darstellt, zu definieren. Wir wollen uns dieser These nunmehr zuwenden.

8. Der moralneutrale Rechtsbegriff

Die für das deutsche Rechtsdenken einflußreichste Kritik an der Neutralitätsthese geht auf den Rechtsphilosophen Gustav Radbruch zurück. In mehreren kleinen, bald nach dem Ende des «Dritten Reiches» erschienenen Veröffentlichungen vertritt Radbruch seine berühmt gewordene Lehre vom «gesetzlichen Unrecht» und distanziert sich damit von jener rechtspositivistischen Neutralitätsthese, die er in früheren Schriften selbst vertreten hatte.

Radbruchs Kernthese ist: «Wenn Gesetze den Willen zur Gerechtigkeit bewußt verleugnen, ... dann schuldet das Volk ihnen keinen Gehorsam, dann müssen auch die Juristen den Mut finden, ihnen den Rechtscharakter abzusprechen» (Radbruch, S. 79). Der Rechtspositivismus demgegenüber habe unter den Nationalsozialisten «den deutschen Juristenstand wehrlos gemacht gegen Gesetze willkürlichen und verbrecherischen Inhalts» (Radbruch, S. 88). Deshalb sei es geboten, sich durch die «grundsätzliche Überwindung» dieses Rechtspositivismus «gegen die Wiederkehr eines solchen Unrechtsstaates zu wappnen» (Radbruch, S. 90).

Radbruch bettet seine Kernthese der «Überwindung» des Rechtspositivismus in eine ziemlich komplizierte Argumentation ein. Die entscheidende Passage lautet: «Der Konflikt zwischen der Gerechtigkeit und der Rechtssicherheit dürfte dahin zu lösen sein, daß das positive, durch Satzung und Macht gesicherte Recht auch dann den Vorrang hat, wenn es inhaltlich ungerecht und unzweckmäßig ist, es sei denn, daß der Widerspruch des positiven Gesetzes zur Gerechtigkeit ein so unerträgliches Maß erreicht, daß das Gesetz als ‹unrichtiges Recht› der Gerechtigkeit zu weichen hat. Es ist unmöglich, eine schärfere Linie zu ziehen zwischen den Fällen des gesetzlichen Unrechts und den trotz unrichtigen Inhalts dennoch geltenden Gesetzen; eine andere Grenzziehung aber kann mit aller Schärfe vorgenommen werden: wo Gerechtigkeit nicht einmal erstrebt wird, wo die Gleichheit, die den Kern der Gerechtigkeit ausmacht, bei der Setzung positiven Rechts bewußt verleugnet wurde, da ist das Gesetz nicht etwa nur ‹unrichtiges Recht›, vielmehr entbehrt es überhaupt der Rechtsnatur. Denn man kann Recht, auch positives Recht, gar nicht anders definieren denn als eine Ordnung und Satzung, die ihrem Sinn nach bestimmt ist, der Gerechtigkeit zu dienen.» (Radbruch, S. 89.)

Eine genauere Analyse dieser Passage ergibt, daß es nach Radbruchs Auffassung anscheinend drei verschiedene Typen von Gesetzen geben kann, die im Widerspruch zur Gerechtigkeit stehen: 1. Gesetze, die einfach «ungerecht und unzweckmäßig» sind und deshalb als «unrichtiges Recht» zu bezeichnen sind; 2. Gesetze, die ebenfalls als «unrichtiges Recht» zu bezeichnen sind, bei denen der Widerspruch zur Gerechtigkeit jedoch ein so «unerträgliches Maß» erreicht, daß sie Fälle «gesetzlichen Unrechts» sind; und 3. Gesetze, die überhaupt nicht mehr als «Recht» zu bezeichnen sind, da bei ihrer Setzung der «Kern der Gerechtigkeit ... bewußt verleugnet wurde».

Mit diesen drei verschiedenen Typen von Gesetzen aber ist, was ihre *Befolgung* angeht, laut Radbruch offenbar wie folgt zu verfahren: Gesetze vom Typ 1 sind – nicht anders als Gesetze, die der Gerechtigkeit genügen – zu befolgen; denn bei Gesetzen vom Typ 1 hat der Wert der Rechtssicherheit «Vorrang» vor dem Wert der Gerechtigkeit. Gesetze vom Typ 2 dagegen verdienen keine Befolgung; sie haben «der Gerechtigkeit zu weichen». Gesetze vom Typ 3 schließlich verdienen ebenfalls keine Befolgung; denn sie entbehren «überhaupt der Rechtsnatur».

Radbruchs Argumentation, wie oben zitiert, macht eines deutlich: Es geht dem Autor in erster Linie gar nicht um die Neutralitätsthese. Es geht ihm vielmehr primär darum, Kriterien für die moralische Nicht-Befolgungswürdigkeit von Gesetzen in «Unrechtsstaaten» aufzustellen – Kriterien, die es ermöglichen sollen, besonders schlimme Gesetze solcher Staaten im Namen der Gerechtigkeit wirksam zu bekämpfen. Im Zentrum des Radbruchschen Anliegens steht also die Ablehnung der Befolgungsthese. Diese These aber lehnen, wie wir sahen, auch die Rechtspositivisten ab. Allerdings halten offenbar nicht alle Rechtspositivisten es für ein sinnvolles Unterfangen, im einzelnen Kriterien für die Nicht-Befolgungswürdigkeit von Gesetzen zu formulieren (siehe etwa Kelsen I, S. 441 f.). Doch ganz abgesehen davon, wie man zu dieser Frage steht: Die Neutralitätsthese ist *insoweit* gar nicht betroffen.

Trotzdem bringt Radbruch, wie wir sahen, die Neutralitätsthese an einem bestimmten Punkt seines moralisch motivierten Anliegens plötzlich ins Spiel: Er möchte für ganz bestimmte staatliche Gesetze, und zwar Gesetze vom Typ 3, die Befolgungswürdigkeit schon dadurch ausgeschlossen wissen, daß diesen Gesetzen der Rechtscharakter abgesprochen wird. Und diese Sichtweise steht in der Tat eindeutig im Widerspruch zur Neutralitätsthese, wonach unter den Rechtsbegriff, abhängig von der jeweiligen Rechtsordnung, Gesetze beliebigen Inhalts fallen können. Verdient Radbruchs Ablehnung der Neutralitätsthese aus den von ihm genannten Gründen Zustimmung?

Offenbar ist Radbruch der Überzeugung, daß es einfacher und erfolgversprechender ist, für die Nicht-Befolgungswürdigkeit eines Gesetzes zu plädieren, wenn dieses Gesetz, obschon es ein Gesetz ist, nicht als Recht betrachtet wird. Diese Überzeugung ist vermutlich auch in einem gewissen Sinn zutreffend, da jemand, der die Rechtsordnung, unter der er lebt, in ihren Grundzügen auch akzeptiert, gewöhnlich die Normen dieser Rechtsordnung als prima facie moralisch befolgungswürdig ansieht.

Verwundern muß es unter diesem Aspekt jedoch, daß Radbruch, was seine Ablehnung der Neutralitätsthese angeht, zwischen Gesetzen vom Typ 2 und Gesetzen vom Typ 3 differenziert. Wie wir sahen, hält er ja auch Gesetze vom Typ 2 nicht für befolgungswürdig, ist jedoch gegenüber *diesen* Gesetzen gleichwohl bereit, sie als «Recht», und zwar als «unrichtiges Recht», zu bezeichnen. Ebenso aber würde im Prinzip der Rechtspositivist verfahren. Es ist schwer nachvollziehbar, warum Radbruch glaubt, von dieser Praxis bei Gesetzen vom Typ 3 plötzlich abweichen zu müssen, und nicht beide Typen von Gesetzen, die für ihn gleicherweise nicht befolgungswürdig sind, auch im Hinblick auf die Neutralitätsthese gleichbehandelt.

Wenn Radbruch in diesem Zusammenhang, wie oben zitiert, der Meinung ist, die Grenze zwischen Gesetzen vom Typ 3 und vom Typ 2 sei ungleich leichter zu ziehen als die Grenze zwischen Gesetzen vom Typ 2 und vom Typ 1, so ist auch dies schwer nachvollziehbar. Denn es ist in Wahrheit keineswegs immer leicht nachzuweisen, ob ein Gesetzgeber Gerechtigkeit «nicht einmal erstrebt» bzw. «die Gleichheit... bewußt verleugnet» hat. Man muß insoweit nämlich bedenken: Nichts spricht unter dem moralischen Gesichtspunkt der Gerechtigkeit dafür, etwa alle Menschen in jeder Hinsicht *gleich* zu behandeln. Die Gerechtigkeit scheint vielmehr gerade zu erfordern, Menschen, die in *relevanter* Hinsicht ungleich sind bzw. unter ungleichen Bedingungen leben, auch dementsprechend *ungleich* zu behandeln. Das Urteil aber, was in relevanter Hinsicht als gleich und was als ungleich anzusehen ist, ist häufig alles andere als selbstverständlich.

Doch selbst wenn Radbruch, was die angesprochene Schwierigkeit der Grenzziehung angeht, recht hätte: Es ist nicht einzusehen, warum er zwar im einen, nicht aber im anderen Fall die rechtspositivistische Neutralitätsthese mit seinem eigentlichen Anliegen für vereinbar hält.

Was aber spricht eigentlich *für* die Neutralitätsthese? Für diese These spricht ganz entscheidend folgendes: Wir benötigen offenbar einen Begriff zur Bezeichnung jener Normen, die in einer bestimmten Gesellschaft Teil einer wirksamen staatlichen Zwangsordnung, also Rechtsordnung sind. Wie, wenn nicht als «Recht», sollen wir denn jene staatlichen Normen bezeichnen, die in Gesellschaft X etwa nur Männern das politische Wahlrecht einräumen oder die in Gesellschaft Y etwa für homosexuelle Handlungen unter Erwachsenen schwere Strafen vorsehen? Die Gegner der Neutralitätsthese versäumen es regelmäßig, auf diese Frage eine brauchbare Antwort zu geben.

Der Rechtspositivist hat gar keine Einwände dagegen, wenn jemand wie Radbruch solche Normen als «Unrecht» bezeichnet. Über die Zugehörigkeit der Normen zu einer Rechtsordnung ist damit aber noch nichts gesagt. Das Wort «Unrecht» dient nämlich der moralischen Verurteilung aller möglichen Normen oder Zustände. Auch Regeln oder Vorschriften, die als *Rechtsnormen* gar nicht in Betracht kommen, können Unrecht sein. Andererseits ist die Qualifizierung einer Norm als «Unrecht» mit ihrer Bezeichnung als «Recht» durchaus vereinbar. «Unrecht» muß nämlich so wenig als Gegensatz von «Recht» verstanden werden, wie «Untat» als Gegensatz von «Tat» oder wie «Unwetter» als Gegensatz von «Wetter» verstanden wird. Eine Norm kann also ohne weiteres eine Rechtsnorm und gleichzeitig – unter moralischem Aspekt – Unrecht sein. Waren etwa Hitler und Stalin, die man gewiß mit Fug und Recht als «Unmenschen» bezeichnen kann, deshalb keine «Menschen»?

Häufig bezeichnen die Gegner der Neutralitätsthese staatliche Normen, denen sie den Rechtsbegriff absprechen, gleichwohl als «positives Recht». Ein solcher Sprachgebrauch erscheint alles andere als zweckmäßig. Er läuft nämlich darauf hinaus, daß nicht alles positive Recht auch Recht ist, daß also der begriffliche Zusatz («positiv») den Umfang des Hauptbegriffs («Recht») nicht etwa, wie üblich, einengt, sondern erweitert. Der Begriff «positives Recht» hat nur dann eine sinnvolle Funktion, wenn man ihn etwa dem Begriff «Naturrecht» gegenüberstellt, ohne dabei zu leugnen, daß das positive Recht ebenso wie das Naturrecht eine Form von Recht ist (siehe schon S. 76).

Auch der Begriff «gesetzliches Unrecht» kann den Begriff «unrichtiges Recht» nicht wirklich ersetzen. Denn zum einen weigern sich die Gegner der Neutralitätsthese in der Regel, Gesetze mit Unrechtscharakter überhaupt als «gültige Gesetze» zu bezeichnen. Und zum anderen sind, wie wir sahen (S. 72 ff.), nicht alle Normen innerhalb einer existenten Rechtsordnung auch Gesetzesnormen. Natürlich kann es im Prinzip auch Gewohnheits- oder Richterrecht geben, das es verdient, als unrichtiges Recht oder Unrecht moralisch abgewertet zu werden.

Daß derjenige, der eine existente Rechtsordnung bzw. ihre einzelnen Elemente einfach nur darstellen und beschreiben möchte, dazu eines moralisch neutralen, gängigen Begriffs bedarf, läßt sich kaum leugnen. Natürlich muß es ebenfalls möglich sein, zwischen moralisch einwandfreien und moralisch fragwürdigen oder gar verwerflichen Normen einer Rechtsordnung zu differenzieren. Eine solche differenzierende Bewertung wird aber doch erst dann sinnvoll, wenn man zuvor festgestellt hat, daß die betreffenden Normen die wesentliche Gemeinsamkeit aufweisen, gleicherweise rechtsverbindliche Normen innerhalb einer existenten Rechtsordnung zu sein. Normen, die bar jedes Rechtscharakters auch kein «Recht» sind, würde man normalerweise doch gar nicht einer entsprechend engagierten moralischen Kritik unterziehen!

Übersehen wird von den Gegnern der Neutralitätsthese gewöhnlich auch das folgende Problem, zu dessen Verdeutlichung sich die nationalsozialistische Rechtsordnung gut eignet: Es spricht sicher vieles dafür, nicht nur einzelne Gesetze innerhalb dieser Rechtsordnung, wie die «Nürnberger Rassengesetze» vom September 1935, für moralisches «Unrecht» zu erklären, sondern auch das diktatorische *Fundament* dieser Rechtsordnung, also ihre faktisch in Geltung befindliche Verfassung, ebenso zu beurteilen. Insofern könnte man diese Rechtsordnung als *solche* – was häufig auch geschieht – mit gutem Grund als ein «Unrechtssystem» oder einen «Unrechtsstaat» bezeichnen. Dies hat für den Gegner der Neutralitätsthese jedoch eine äußerst verwirrende Konsequenz. Da für ihn nämlich das verfassungsrechtliche Fundament dieser Normenordnung nun des *Rechtscharakters* entbehrt, ist er – mit Rücksicht auf den hierarchischen Stufenbau jeder Rechtsordnung – auch nicht mehr in der Lage, *irgendwelche* Normen dieses «Unrechtssystems» als «Rechtsnormen» bzw. als «Recht» zu bezeichnen. Ist er aber wirklich bereit, diese Konsequenz zu ziehen auch für beliebige, moralisch neutrale Vorschriften etwa der «Straßenverkehrsordnung» oder für die moralisch für ihre Zeit geradezu vorbildlichen Normen jenes «Tierschutzgesetzes», das im November 1933 von der damaligen Reichsregierung erlassen wurde? Vermutlich will der Gegner der Neutralitätsthese diesen Normen die moralische Befolgungswürdigkeit doch gar nicht absprechen! Auch «Unrechtssysteme» produzieren ja nicht *nur* «Unrecht».

Gelegentlich wird von den Gegnern der Neutralitätsthese die These aufgestellt, ein neutraler Rechtsbegriff sei zwar angebracht bei Urteilen über existentes Recht aus der *Beobachterperspektive*, nicht aber bei solchen Urteilen aus der *Teilnehmerperspektive*. Robert Alexy, ein besonders profilierter Anhänger dieser These, definiert den Unterschied zwischen den beiden Perspektiven folgendermaßen: «Die *Teilnehmerperspektive* nimmt ein, wer in einem Rechtssystem an einer Argumentation darüber teilnimmt, was in diesem Rechtssystem geboten, verboten und erlaubt ist und zu was es ermächtigt. Im Zentrum der Teilnehmerperspektive steht der Richter. Wenn andere Teilnehmer, etwa Rechtswissenschaftler, Rechtsanwälte oder am Rechtssystem interessierte Bürger, Argumente für oder gegen bestimmte Inhalte des Rechtssystems vorbringen, dann beziehen sie sich letztlich darauf, wie ein Richter zu entscheiden hätte, wenn er richtig entscheiden wollte. Die *Beobachterperspektive* nimmt ein, wer nicht fragt, was in einem bestimmten Rechtssystem die richtige Entscheidung ist, sondern wie in einem bestimmten Rechtssystem tatsächlich entschieden wird. Ein Beispiel für einen derartigen Beobachter ist Norbert Hoersters weißer Amerikaner, der unter der Geltung der Apartheid-Gesetze mit seiner dunkelhäutigen Ehefrau Südafrika bereisen möchte und sich über juristische Einzelheiten seiner Reise Gedanken macht.» (Alexy, S. 47 f.)

Alexy nimmt mit dem letzten Satz Bezug auf die folgende, von mir in einer früheren Veröffentlichung vorgebrachte Argumentation im Sinn der Neutralitätsthese: Was nutzt es dem betreffenden Amerikaner, wenn ihm ein Anhänger Radbruchs sagt, ein rassistisches Gesetz, das den Aufenthalt von weißen und schwarzen Personen in demselben Hotel oder demselben öffentlichen Verkehrsmittel verbietet, entbehre des Rechtscharakters? Falls er gegen das genannte Gesetz verstößt, wird er ganz genauso mit einer Bestrafung rechnen müssen wie im Fall eines Verstoßes gegen das – moralisch einwandfreie – Verbot des Diebstahls.

Auch Alexy hält eine solche Argumentation zugunsten der Neutralitätsthese offenbar für überzeugend – aber nur deshalb, weil das Urteil über die betreffende Rechtsnorm in diesem Fall aus der Beobachterperspektive eines Bürgers einer *fremden* Rechtsordnung erfolgt. Bei einem aus der Teilnehmerperspektive eines Bürgers über eine Norm der eigenen Rechtsordnung abgegebenen Urteils jedoch sehe die Sache anders aus. Hier sei der Rechtsbegriff nicht mehr moralisch neutral zu verstehen.

Ich kann die angebliche Relevanz dieses Unterschiedes nicht nachvollziehen. Warum sollten im obigen Fall südafrikanische «Rechtswissenschaftler, Rechtsanwälte oder am Rechtssystem interessierte Bürger» die Rechtslage anders beurteilen als der amerikanische Tourist? Natürlich werden sie, falls sie moralisch einigermaßen auf der Höhe sind, diese Rechtslage vom moralischen Standpunkt aus verurteilen. (Dies wird im übrigen ebenso der amerikanische Tourist tun!) Aber warum sollten sie, was die betreffende gültige Rechtsnorm angeht, sich selbst bzw. dem seine Reise planenden Amerikaner irgendetwas vorgaukeln, was nicht der Realität entspricht?

Laut Alexy werden die genannten Personen bei ihrer Einschätzung der Rechtslage sich, wie zitiert, darauf beziehen, «wie ein Richter zu entscheiden hätte, wenn er richtig entscheiden wollte». Der Richter aber, der im «Zentrum der Teilnehmerperspektive» steht, werde nur das für «Recht» erklären, was er für «richtig» hält. Kurzum, die Teilnehmerperspektive nimmt jeder ein, der «fragt, was in einem bestimmten Rechtssystem die richtige Entscheidung ist».

Was aber versteht Alexy hier unter «richtig»? Meint er eine *rechtlich* richtige (dem geltenden Recht entsprechende) oder eine *moralisch* richtige (bestimmten Moralnormen entsprechende) Entscheidung? Man darf nicht vergessen: Die vom Richter im Rahmen seiner Kompetenz gefällte Entscheidung ist, ob rechtlich gesehen richtig oder nicht, in jedem Fall ihrerseits «Recht», nämlich eine gültige rechtliche Individualnorm. Trotzdem schließt dies die Möglichkeit nicht aus, daß diese Entscheidung bzw. Individualnorm in deutlichem Widerspruch steht zu einer gültigen Gesetzesnorm und daß der Richter diesen Widerspruch aus moralischen Gründen bewußt in Kauf nimmt.

Für Alexy ist die Frage nach der «richtigen» Entscheidung – als Frage aus der Teilnehmerperspektive – ganz offensichtlich nicht eine normdeskriptive, sondern eine normexpressive Frage. (Zu diesem Unterschied siehe oben S. 39.) Das heißt, derjenige, der diese Frage stellt und anschließend beantwortet, vertritt damit selber eine Norm, sei es als Richter (wie ein Amtsträger oder ein Bürger sich verhalten soll) oder als «interessierter Bürger» der betreffenden Rechtsordnung (wie der zuständige Richter den Fall entscheiden soll). Zu dieser Sichtweise aber ist folgendes zu bemerken:

1. Alexy hat gewiß Recht, was die Tätigkeit des Richters angeht; denn dieser entscheidet ja für den Einzelfall, wie sich Menschen

verhalten sollen. Warum aber müssen auch «Rechtswissenschaftler, Rechtsanwälte oder am Rechtssystem interessierte Bürger», die zur Setzung gültiger Rechtsnormen ja gar nicht ermächtigt sind, sich normexpressiv äußern? Was kann der einzelne Jurist oder juristisch Interessierte denn durch seine moralisch inspirierten Forderungen an dem real existenten Recht seiner Gesellschaft ändern? Ja selbst der einzelne Richter kann, wie gesagt, die Rechtslage nur im Einzelfall gestalten.

2. Falls aber tatsächlich eine *größere* Anzahl von Bürgern, insbesondere von Richtern und sonstigen Amtsträgern, bestimmte Rechtsnormen moralisch ablehnen und deshalb auch nicht befolgen, so kann dies im Prinzip über kurz oder lang zur Existenz neuer, und zwar gewohnheitsrechtlicher Normen führen, durch die die moralisch abgelehnten Rechtsnormen ihre bisherige rechtliche Verbindlichkeit einbüßen. Ob dies tatsächlich geschieht, ist gemäß den üblichen Kriterien für die Entstehung von Gewohnheitsrecht jeweils zu prüfen. Jedenfalls steht die Entstehung neuen, «moralisch richtigen» Rechts auf diesem Wege in keiner Weise zu der Neutralitätsthese in Widerspruch. Denn die Neutralitätsthese beinhaltet, wie wir sahen, weder die Befolgungsthese noch die Unmöglichkeit von Gewohnheitsrecht.

Ebenso wie eine Rechtsordnung durch neue, moralisch bessere *Gesetze* reformiert werden kann, ist dieses Ergebnis auch durch die Entstehung neuer Rechtsnormen *gewohnheitsrechtlicher* Natur erreichbar. Und ebenso wie der Anhänger der Neutralitätsthese dafür argumentieren sowie agieren kann, daß die in seiner Rechtsordnung erlassenen Gesetze moralisch einwandfrei sind, kann er sich natürlich auch für die Entstehung entsprechender Normen gewohnheitsrechtlicher Art einsetzen. Dabei können die betreffenden Rechtsnormen durchaus auch auf verfassungsrechtlicher Ebene liegen und etwa unter Bezugnahme auf bestimmte Moralprinzipien solchen Gesetzen, die im Widerspruch zu diesen Prinzipien stehen, die Gültigkeit versagen (vgl. oben S. 71 ff.).

Wenn Alexy schreibt, sofern «in der Rechtspraxis ein Konsens darüber besteht, daß die Erfüllung bestimmter minimaler Anforderungen der Gerechtigkeit eine notwendige Voraussetzung für den Rechtscharakter staatlicher Anordnungen ist», stehe nicht nur ein

moralisches, sondern ebenso ein juristisches Argument gegen gesetzliches Unrecht zur Verfügung (Alexy, S. 87), so kann man ihm
nach dem oben Ausgeführten nur zustimmen. Keineswegs zustimmen kann man ihm jedoch, wenn er glaubt, mit dieser Behauptung
die Neutralitätsthese bekämpfen zu können. Auch Alexy scheint
nicht klar zu sein, daß die Neutralitätsthese nicht die Gesetzesthese
beinhaltet.

3. Die obige Verteidigung der Neutralitätsthese ist in keiner Weise
abhängig von der Richtigkeit der Subjektivismusthese. Selbst wenn
es dem Menschen vorgegebene moralische Normen gibt und wenn
diese Normen erkennbar sind, so ändert dies nichts an dem bestehenden Unterschied zwischen diesen Normen und den Normen
einer empirisch existenten Rechtsordnung. Ganz gleichgültig von
welcher Warte aus man die Normen einer faktisch existenten Rechtsordnung kritisieren oder ändern möchte: Man macht sich die Ar-
beit, sofern man an Klarheit interessiert ist, nicht dadurch leichter,
daß man sich weigert, diese Normen, von denen immer einige moralisch einwandfrei und andere moralisch (mehr oder weniger) an-
fechtbar sein werden, zunächst einmal unter einem gemeinsamen
Begriff – dem Begriff des Rechts – als das, was sie unterschiedslos
jedenfalls *auch* sind, zur Kenntnis zu nehmen und darzustellen.

Die von Radbruch ausdrücklich ausgesprochene und von anderen
Gegnern der Neutralitätsthese zumindest nahegelegte Annahme,
die Preisgabe dieser These werde eine Gesellschaft gegen einen
«Unrechtsstaat» wie den der Nationalsozialisten «wappnen» (siehe
oben S. 79), ist nicht nur, was die historische Wirklichkeit betrifft,
alles andere als belegt (siehe Ott, S. 206 ff.). Sie ist auch – als allgemeine These über die Entstehung moralisch anfechtbarer Rechtsordnungen – keineswegs plausibel. Man muß in diesem Zusammenhang nämlich folgendes bedenken.

Gleichgültig ob und gegebenenfalls wie moralische Normen und
Maßstäbe sich begründen lassen: De facto werden von verschiedenen Individuen und Gruppierungen nicht selten sehr unterschiedliche Moralurteile vertreten. Diese faktischen Urteile aber sind es,
die, auch wenn sie noch so unbegründet sind, unvermeidlich die
normexpressiven Richtigkeitsurteile der betreffenden Menschen
aus der Teilnehmerperspektive bestimmen. Was aber spricht unter

diesen Umständen a priori dafür, daß diese Urteile eher gegen einen Unrechtsstaat «wappnen» als vielleicht sogar einen Unrechtsstaat «herbeiführen»? Läßt sich aus der Teilnehmerperspektive prinzipiell nicht auch sehr gut mit der faschistischen oder mit der kommunistischen «Moralkeule» gegen eine bestehende Demokratie agieren? Woher nehmen die Gegner der Neutralitätsthese die Gewißheit oder auch nur die Wahrscheinlichkeit, daß die Ablehnung der Neutralitätsthese – sofern sie überhaupt eine rechtspolitische Wirkung hat – sich stets oder meistens zum Guten auswirkt? Was spricht dafür, daß Richter, sonstige Juristen sowie «am Rechtssystem interessierte Bürger» in einer Gesellschaft generell moralisch aufgeklärter und standfester sind als die in dieser Gesellschaft offiziell zur Gesetzgebung berufenen Personen?

Diese Frage kann man insbesondere in Bezug auf die typischen Vertreter deutscher Rechtswissenschaft stellen. Ein einziges Beispiel mag verdeutlichen, was ich meine. Der sehr renommierte Zivilrechtswissenschaftler und Rechtsphilosoph Karl Larenz hat zwar an seiner Gegnerschaft zum Rechtspositivismus, der die «jahrtausendelange philosophische Tradition» des Naturrechtsdenkens «auf den Müllhaufen» wirft (so Larenz III, S. 16), zu *keiner* Zeit einen Zweifel gelassen. Während er im Jahr 1934 die naturrechtlichen Vorgaben des Rechtsbegriffs jedoch in die Formel kleidet «Blut muß Geist und Geist muß Blut werden» (Larenz II, S. 42) und die nötige «radikale Abkehr vom Positivismus» gleichzeitig als «radikale Abkehr» vom «Individualismus» und als Hinwendung zum Rechtsverständnis *im Geist* des Führers» proklamiert (Larenz I, S. 15 bzw. S. 36), sind nach der Rückkehr Deutschlands zur Demokratie für sein Verständnis der «Rechtsidee» plötzlich solche rechtsethischen Prinzipien wie «Das Grundprinzip des gegenseitigen Achtens» und «Das Prinzip der Begrenzung und Kontrolle der Macht» maßgebend (Larenz III, S. 45 ff. bzw. S. 143 ff.). Der Wandel im Rechtsverständnis des Autors erfolgt dabei ohne jede Auseinandersetzung mit der früher vertretenen Sichtweise, ja ohne den geringsten Hinweis auf diese. In seiner Gegnerschaft zum Rechtspositivismus und seiner Anpassung der «Rechtsidee» an den jeweiligen politischen Zeitgeist ist der Autor sich ja auch tatsächlich treu geblieben.

Der «Fall Larenz» ist innerhalb der deutschen Rechtswissenschaft kein Einzelfall. Man kann dem dänischen Rechtsphilosophen Alf Ross nur zustimmen, wenn er über die gängigen naturrechtlichen Alternativen zum Rechtspositivismus urteilt: «Wie eine Dirne steht das Naturrecht jedem zur Verfügung. Die Ideologie existiert nicht, die sich nicht unter Berufung auf das Naturrecht verteidigen läßt» (Ross, S. 261).

Auf den folgenden oft genannten Einwand gegen den Rechtspositivismus, der im Grunde von der obigen, prinzipiellen Erörterung bereits erfaßt wird, sei an dieser Stelle noch kurz eingegangen. Ausgangspunkt des Einwandes ist die nach 1945 aufgetretene Problematik des juristischen Umgangs mit bestimmten, nach dem Krieg als strafwürdig angesehenen Taten, die zum Tatzeitpunkt während des «Dritten Reiches» jedoch im Einklang mit dem damaligen Recht (nach positivistischer Definition) standen. Die folgenden Lösungsmöglichkeiten für diese Problematik stehen zur Diskussion.

Der Gegner des Rechtspositivismus spricht der betreffenden Tat aus moralischen Gründen ihre damalige Rechtmäßigkeit ab und erkauft sich so automatisch die Möglichkeit ihrer späteren Bestrafung. Der Rechtspositivist dagegen hält unbeirrt an der damaligen Rechtmäßigkeit der Tat fest und steht somit vor der folgenden Wahl: *Entweder* er erklärt die Tat mit Rücksicht auf den Rechtsgrundsatz, wonach eine Tat nur bestraft werden darf, wenn sie zum Tatzeitpunkt rechtswidrig war, für nicht strafbar. *Oder* er erklärt die Tat für strafbar mit dem Hinweis, die Forderung ihrer Bestrafung habe aus moralischen Gründen Vorrang vor der Beachtung des eben genannten Rechtsgrundsatzes. (Diese Möglichkeit steht ihm, da er kein Anhänger der Befolgungsthese ist, ohne weiteres offen!) Der Rechtspositivist kann also durchaus zu demselben praktischen Ergebnis gelangen wie sein Antipode – allerdings auf eine *ehrliche* Weise, die die Sachlage nicht vertuscht, sondern so darstellt, wie sie tatsächlich ist. (Ausführlich zu der Problematik siehe Hart I, S. 207 ff. sowie Hart II, S. 43 ff.)

Philosophisch unbefriedigend sind die populistischen Argumente gegen den Rechtspositivismus, die sich im Werk des amerikanischen Rechtswissenschaftlers Ronald Dworkin finden. Zum einen gehen in Dworkins Darstellung beschreibende und bewertende Elemente immer wieder ineinander über. Und zum anderen scheint Dworkin an einer Analyse dessen, was das Charakteristische jeder beliebigen Rechtsordnung ausmacht, gar nicht interessiert zu sein, sondern stattdessen die moralischen Bausteine der angelsächsischen Rechtsordnungen herausarbeiten zu wollen. Wer sich mit Dworkins Kritik am Rechtspositivismus im einzelnen befassen möchte, sei auf ihre umfassende Erörterung und Widerlegung durch Hart verwiesen (Hart I, S. 238 ff.).

Wenig hilfreich ist im Zusammenhang mit der Debatte um den Rechtspositivismus auch die nicht seltene Bezugnahme auf den äußerst schillernden Begriff des «Rechtsstaats». Denn je nach Verwendung des Begriffs ist entweder *jeder* Staat – als Rechtsordnung – automatisch auch ein Rechtsstaat; oder aber nur ein Staat, der bestimmten normativen Forderungen politischer Art – etwa der Forderung nach Institutionalisierung individueller Freiheitsrechte – genügt, ist ein Rechtsstaat. Im letzteren Fall ist die Verwendung des Begriffs «Rechtsstaat», nicht anders als die Verwendung des Begriffs «Unrechtsstaat», natürlich an ein Werturteil gebunden. Und ob ein Staat oder eine Rechtsordnung in diesem wertenden Sinn als «Rechtsstaat» gelten kann, ist jeweils gesondert zu prüfen. Für den Anhänger des Rechtspositivismus kann es jedenfalls eine Vielzahl sehr unterschiedlicher Staaten bzw. Rechtsordnungen geben, die in diesem wertenden Sinn kaum als «Rechtsstaaten» gelten können. (Ausführlicher insoweit Kelsen I, S. 314 f. und S. 320.)

9. Ethische Anforderungen an das Recht

Die Frage nach der ethischen Begründung oder rationalen Grundlegung des Rechts und seiner Normen stellt sich sowohl für den Anhänger wie auch für den Gegner des Rechtspositivismus: Der Gegner der positivistischen Neutralitätsthese muß bereits im Zusammenhang mit der Definition des Rechtsbegriffs Farbe bekennen, wie die von ihm für unverzichtbar gehaltenen moralischen Bedingungen des Rechts denn lauten bzw. sich ermitteln lassen. Er könnte zu diesem Zweck zwar einfach auf eine bestimmte sozial geltende Moral – etwa die Moral derjenigen Gesellschaft, um deren Rechtsordnung es geht – verweisen. Ein solches Vorgehen dürfte jedoch seiner Absicht, gewissen von ihm als verwerflich eingestuften Normen von vornherein den Rechtscharakter abzusprechen, kaum Genüge tun; denn die Sozialmoral einer Gesellschaft kann im Prinzip nicht weniger verwerflich sein als ihre Rechtsordnung. Er muß also, um seinem Anliegen gerecht werden zu können, gleichzeitig eine Theorie besitzen, wonach sich die moralische Beurteilung sozialer ebenso wie rechtlicher Praktiken und Normen überzeugend begründen läßt.

Doch auch der Anhänger der Neutralitätsthese kann sich der Frage nach der Rechtsbegründung nicht entziehen. Dies trifft jedenfalls auf jemanden zu, dem nicht nur an einer Darstellung des tatsächlich existenten Rechts gelegen ist, sondern der außerdem eine umfassende philosophische Grundlegung des Rechts anstrebt. Denn eine solche philosophische Grundlegung des Rechts hat im Hinblick auf die Moral neben einem begrifflichen stets auch einen normativen Aspekt: Wir möchten nicht nur wissen, wie Normen des Rechts im Unterschied zu Normen der Moral adäquat zu verstehen und zu definieren sind; wir möchten ebenfalls wissen, ob und gegebenenfalls wie sich eine Rechtsordnung mit ihren massiven Zwangsmaßnahmen ethisch begründen läßt.

Die Kernfrage einer ethischen Rechtsbegründung habe ich im Zusammenhang mit der Subjektivismusthese oben (S. 75) schon angesprochen. Sie lautet: Gibt es vorpositive Maßstäbe richtigen Rechts, die jedem menschlichen Wünschen und Wollen vorgegeben sind und die im Wege der Erkenntnis vom Menschen erfaßt werden können? Gemeint sind also Maßstäbe, die nicht nur den einzelnen Menschen insofern vorgegeben sind, als sie in der Gesellschaft, in der diese Menschen leben, als Normen der Sozialmoral empirisch in Geltung sind; solche Maßstäbe gibt es selbstverständlich in Fülle. Gemeint sind vielmehr Maßstäbe, die überhaupt nicht auf dem, was irgendwelche Menschen wollen, beruhen, sondern die als Kriterien dafür, was alle Menschen notwendigerweise wollen *sollen*, erkennbar sind.

Es gibt seit den Tagen Platons ganz unterschiedliche Versuche, ethische Maßstäbe oder Normen, die dieser Bedingung genügen, aufzufinden und zu formulieren. Es ist unter Juristen nicht unüblich, *sämtliche* dieser Versuche – also auch etwa die Kantsche Konzeption eines sogenannten Vernunftrechts – als Versuche der Entdeckung eines *Naturrechts* zu bezeichnen. Es spricht nichts dagegen, in einer rechtsphilosophischen Untersuchung an dieser Bezeichnung festzuhalten, sofern man sie von vornherein in dem genannten, weiten Sinn versteht.

Wichtig bleibt: Die Existenz eines Naturrechts (welcher Art auch immer) steht zwar im Widerspruch zur Subjektivismusthese, nicht aber im Widerspruch zur rechtspositivistischen Neutralitätsthese. Naturrechtslehre und Rechtspositivismus schließen einander, so definiert, nicht aus. Sofern es ein Naturrecht gibt, so ist dieses also nicht ohne weiteres auch Teil des Rechts (des auf empirischer Grundlage existenten, positiven Rechts), sondern der ethische Maßstab objektiv *richtigen* Rechts. Und jene Rechtsnormen, die inhaltlich mit dem Naturrecht übereinstimmen, sind nicht deshalb als (positives) Recht identifizierbar, *weil* sie mit dem Naturrecht übereinstimmen.

Gibt es nun tatsächlich so etwas wie vorpositive ethische Maßstäbe objektiv richtigen Rechts? Nach meiner Überzeugung sind solche ethischen Maßstäbe oder Normen jedenfalls menschlicher

Erkenntnis nicht zugänglich und sämtliche bisherigen Versuche, irgendeine Naturrechtslehre zu begründen, gescheitert. Ich habe an anderer Stelle in ausführlichen Erörterungen zu zeigen versucht, *warum* die einflußreichsten derartigen Versuche gescheitert sind, und habe daraus die Konsequenz gezogen, daß die Subjektivismusthese unsere Zustimmung verdient. (Siehe Hoerster I, Kap. 3–7.) Ich möchte diese Erörterungen hier nicht wiederholen.

Stattdessen möchte ich – bezogen auf den spezifischen Kontext der Rechtsbegründung – hier nochmals verdeutlichen, welche Konsequenzen die Zustimmung zur Subjektivismusthese, realistisch betrachtet, tatsächlich hat bzw. nicht hat. (Vgl. schon Hoerster I, Kap. 8–10.)

Sowohl von Anhängern wie auch von Gegnern der Naturrechtslehre wird die Frage nach der Rechtsbegründung mit der Ablehnung eines Naturrechts, also mit der Zustimmung zur Subjektivismusthese häufig automatisch als erledigt angesehen. Mit anderen Worten: Nicht wenige Anhänger wie Gegner des Naturrechtsdenkens sind sich darin einig, daß *ohne* ein Naturrecht, also auf einer bloß subjektiven Basis, eine Rechtsbegründung nicht in Betracht komme. Ich möchte im folgenden zeigen, daß und warum diese Auffassung unzutreffend ist.

Angenommen, 100 Menschen leben auf einer kleinen Insel, die nur ein paar Meter über dem Meeresspiegel liegt. In gewissen Zeitabständen wird die Insel von Sturmfluten heimgesucht, die den Besitz und schlimmstenfalls auch das Leben der Bewohner bedrohen. Kann man der Behauptung widersprechen, daß unter diesen Umständen jeder einzelne Inselbewohner, da er sich separat nicht schützen kann, ein Interesse daran hat, daß die gesamte Insel durch einen Deich gegen künftige Sturmfluten geschützt wird? Wohl kaum. Das bedeutet aber unter anderem folgendes: 1. Jeder einzelne Bewohner hat – unter normalen Bedingungen – ebenfalls ein Interesse daran, daß die arbeitsfähigen Bewohner gemeinsam einen Deich errichten. Und 2. Es ist für jeden einzelnen arbeitsfähigen Bewohner in hohem Maß rational oder begründet, sich an dem gemeinsamen Deichbau selbst zu beteiligen.

Auf eine ganz entsprechende Weise läßt sich eine Rechtsordnung, die bestimmten Anforderungen genügt, begründen. Der entscheidende Gedankengang ist dieser: Jeder einzelne Inselbewohner hat deshalb ein Interesse an dem Bau des Deiches, weil er ein Interesse jedenfalls an seinem Überleben hat. Das Leben eines Menschen wird aber nicht nur durch Naturgewalten, sondern auch durch bestimmte Handlungen – nämlich Tötungshandlungen – anderer Menschen gefährdet. Jeder Mensch hat deshalb ebenfalls ein Interesse daran, daß solche Handlungen unterbleiben.

Diesem Interesse aber dient offensichtlich vor allem ein allgemeines Tötungsverbot. Zwar verhindert ein solches Verbot nicht schlechthin jede Tötungshandlung; es verringert jedoch wegen der dem Täter drohenden Sanktionen ihre Wahrscheinlichkeit. Ähnlich wie der Deichbau hat zwar auch das Tötungsverbot für jeden Einzelnen durchaus auch negative Aspekte oder Nachteile: Er kann nicht mehr folgenlos nach Belieben einen anderen Menschen (etwa einen Rivalen) umbringen. Die Vorteile überwiegen die Nachteile jedoch deutlich. Denn bei einer nüchternen und langfristigen Betrachtung hat sein Interesse, nicht getötet zu werden, ein weit größeres Gewicht für ihn als sein – gelegentlich vielleicht vorhandenes – Interesse, selber einen Mitmenschen zu töten.

Dabei muß das betreffende Tötungsverbot, um dem Interesse des Einzelnen optimal dienen zu können, den beiden folgenden Bedingungen genügen. 1. Es muß sich um ein *rechtliches* Tötungsverbot, ein Tötungsverbot durch eine Rechtsnorm, handeln. 2. Es muß besonders *strikter* Natur sein und darf allenfalls eng umgrenzte Ausnahmen zulassen.

Zu 1. Auch schon die Sozialmoral, wie sie in jeder halbwegs intakten Gesellschaft gilt, verbietet das beliebige Töten eines anderen Menschen. Ein bloß moralisches Tötungsverbot wäre zum Schutz des menschlichen Lebens aber offensichtlich unzureichend. Zum einen blieben vermutlich die meisten Morde unaufgeklärt, wenn nicht staatliche Stellen sich systematisch der Ermittlung der Täter widmen würden. Und zum anderen wären die üblichen Sanktionen der Sozialmoral – wie Mißbilligung, Tadel, Verachtung seitens der Mitmenschen – nicht ausreichend, um potentielle Täter so weitgehend wie nur möglich von der Begehung eines Mordes abzuhalten. Die viel gravierenderen Sanktionen eines staatlichen Strafrechts sind hier unverzichtbar. Schließlich ist das Überlebensinteresse, so wie es jeder Mensch normalerweise hat, das elementarste und wichtigste menschliche Interesse überhaupt.

Zu 2. Das Verbot der Tötung eines anderen Menschen muß innerhalb der Rechtsordnung, um dem Überlebensinteresse des Einzelnen optimal zu dienen, einen ganz besonderen Stellenwert erhalten. Das wird unmittelbar deutlich, wenn wir uns etwa das Tötungsverbot gewisser Tiere vor Augen führen, wie es in der deutschen Rechtsordnung gilt. So erklärt § 17 Tierschutzgesetz das Töten eines Wirbeltieres dann für strafbar, wenn es «ohne vernünftigen Grund» erfolgt.

Ein solcher «vernünftiger Grund» liegt dabei insbesondere dann vor, wenn die Tötung, alles in allem betrachtet, durchaus positive Konsequenzen hat. Dies ist mit Sicherheit zum Beispiel dann der Fall, wenn durch die Tötung eines alten, gebrechlichen Tieres zwei jungen Tieren derselben Art das Leben erhalten oder gerettet werden kann.

Ein so verstandenes Tötungsverbot von Menschen wäre offensichtlich – zum Schutz des spezifisch menschlichen Überlebensinteresses – vollkommen unzureichend. Sonst dürfte man ja etwa einen Menschen mit einer nur noch geringen Lebenserwartung töten, wenn man durch eine Organverpflanzung seiner beiden Nieren *zwei* Menschen mit einer höheren Lebenserwartung retten könnte. Das Tötungsverbot von Menschen hat den Sinn, jedes einzelne menschliche Individuum *um seiner selbst willen* zu schützen. Denn jedes einzelne menschliche Individuum hat normalerweise an seinem eigenen Überleben ein elementares, erstrangiges Interesse.

Ein rechtliches Tötungsverbot, das seine Existenz dem gleichgerichteten Interesse aller Individuen verdankt, ist nach alledem mit einer utilitaristischen Folgenabwägung, die sämtliche Folgen einer Tötungshandlung für alle in irgendeiner Weise (auch positiv) Betroffenen mit ins Kalkül zieht, völlig unvereinbar. Man bringt diese Sachlage sehr gut dadurch zum Ausdruck, daß man dem Individuum, das durch ein solches striktes Tötungsverbot in seinem Überlebensinteresse geschützt wird, ein *Recht auf Leben* zuschreibt. Dieses individuelle Recht auf Leben, das in der Rechtsordnung ebenso wie in der Sozialmoral einer Gesellschaft verankert ist, ist dabei zu verstehen als ein *Abwehrrecht*, das dem Individuum eine größtmögliche Sicherheit gibt, sein Leben unbehelligt von Angriffen anderer Individuen führen und gestalten zu können.

Die Institutionalisierung eines individuellen Rechtes auf Leben ist nach alledem auch dann wohlbegründet, wenn es kein Naturrecht gibt, wenn also die Maßstäbe richtigen Rechts – gemäß der Subjektivismusthese – ausschließlich subjektiver Natur sind. Diese Institutionalisierung ist nämlich vom subjektiven Standpunkt vermutlich jedes Individuums aus, also insoweit *umfassend intersubjektiv* begründet. Und sie ist zumindest *weitestgehend intersubjektiv* begründet, selbst wenn es einige (recht außergewöhnliche) Individuen geben sollte, die an einem generellen Tötungsverbot der genannten Art etwa kein Interesse haben, weil sie auf ein solches Verbot selbst in einem urteilsfähigen und umfassend aufgeklärten Zustand lieber verzichten. Zwar würde sich unter dieser Voraussetzung *diesen Individuen* gegenüber das Tötungsverbot tatsächlich nicht begründen lassen; dies ändert aber nichts daran, daß alle anderen Individuen von ihrem Standpunkt aus jedenfalls einen völlig ausreichenden Grund haben, ein mit dem Recht jedes Individuums auf Leben verbundenes generelles Tötungsverbot in die Rechtsordnung ihrer Gesellschaft aufzunehmen.

Die hier vertretene Form der Normenbegründung ist und bleibt also eine rein subjektive. Ich vertrete keineswegs etwa die These «Eine Norm, die im Interesse aller (oder jedenfalls der allermeisten) betroffenen Individuen liegt, ist damit in einem objektiven Sinn begründet und besitzt insofern eine höhere Art der Legitimation». Die Begründung einer Norm ist und bleibt vielmehr gebunden an das Interesse jedes einzelnen betroffenen Individuums. Trotzdem besteht natürlich ein gewaltiger Unterschied, ob eine bestimmte Norm im Interesse etwa der Autofahrer oder der Opernliebhaber in einer Gesellschaft liegt oder ob sie im Interesse so gut wie jedes menschlichen Individuums liegt. Nicht nur läßt sich, praktisch-politisch betrachtet, der Norm der zweiten Art sehr wahrscheinlich viel leichter Geltung verschaffen. Auch in theoretischer Hinsicht sollte man einen überaus wichtigen Unterschied nicht übersehen: Während die Anzahl der Interessenten an einer Norm der ersten Art von Gesellschaft zu Gesellschaft mit Sicherheit sehr stark variiert, gründet das universale (oder jedenfalls nahezu universale) Interesse an einer Norm der zweiten Art offenbar in der unveränderlichen *Natur des Menschen*!

Trotzdem sollte man bei Normen dieser Art meines Erachtens nicht, wie Hart es tut (Hart I, S. 193 ff.) von einem «Naturrecht» sprechen. Denn diese Ausdrucksweise suggeriert unvermeidlich die These, daß die betreffenden *Normen selbst* der Menschheit vorgegeben und als objektive Gegebenheiten erkennbar sind. Nach der hier vertretenen, interessenfundierten Begründungsweise aber erkennen wir unmittelbar keineswegs die Normen als solche, sondern gewisse empirisch und gleichzeitig universal vorhandene menschliche Interessen, die – im Prinzip ebenso wie etwa für die eigene Versorgung mit Nahrung – für die soziale Ingeltungsetzung dieser Normen sprechen, das heißt diese Ingeltungsetzung zu einer intersubjektiv präsenten Forderung der praktischen Vernunft machen. Auch ohne daß diese interessenfundierte Form der Rechtsbegründung als «naturrechtlich» bezeichnet wird, kann sie in der Rechtsphilosophie bzw. Rechtsethik eine wichtige Rolle spielen.

Es gibt außer dem Verbot der Tötung noch eine Reihe weiterer, ebenfalls mit individuellen Rechten – sogenannten «Grundrechten» – verknüpfter rechtlicher Verbote, die sich ganz ähnlich wie das Verbot der Tötung intersubjektiv begründen lassen. Ich denke in diesem Zusammenhang insbesondere an das Verbot der Körperverletzung, das Verbot der Gewaltanwendung und das Verbot der Freiheitsberaubung. Der Leser wird mir zustimmen, daß auch diese Verbote ganz offensichtlich im aufgeklärten, langfristigen Interesse (so gut wie) jedes Individuums liegen.

Weitere intersubjektiv begründete rechtliche Verbote hängen damit zusammen, daß das menschliche Individuum nicht nur daran interessiert ist, nicht von seinen Mitmenschen attackiert zu werden, sondern angesichts der Lebensumstände auf dieser Erde normalerweise auch in hohem Maß darauf angewiesen ist, mit seinen Mitmenschen auf bestimmte Weise zu kooperieren. Die wichtigsten Formen der Kooperation, die zur dauerhaften Befriedigung elementarer menschlicher Interessen ganz unverzichtbar sind, sind die folgenden.

1. Die Mitglieder einer Gesellschaft müssen so etwas wie die Institution des Privateigentums – zumindest an Konsumgütern –

akzeptieren. Denn angesichts der natürlichen Knappheit der meisten zum Lebensunterhalt erforderlichen Güter ist das einzelne Individuum zur Sicherung seines Überlebens darauf angewiesen, sich einen gewissen Vorrat an solchen Gütern anlegen zu können, der durch ein Verbot des Diebstahls vor dem beliebigen Zugriff aller anderen Individuen geschützt ist. Aber auch in Bezug auf solche Güter, die nicht zum Lebensunterhalt erforderlich sind, haben sicher die meisten Individuen ein Interesse daran, daß eine feste und gesicherte Zuordnung von Mein und Dein besteht.

2. Da jedenfalls in einer modernen Gesellschaft niemand alle zu seinem Lebensunterhalt erforderlichen Güter selbst produzieren kann, ist jedermann darauf angewiesen, einige oder sogar alle dieser Güter im Wege des Tausches von anderen Individuen zu erwerben. Außerdem hat es sich im Entwicklungsverlauf der menschlichen Zivilisation herausgestellt, daß in *sämtlichen* Produktionsbereichen ein gewisses Maß an Arbeitsteilung innerhalb der Gesellschaft allen Individuen zugute kommt. Profitieren können die einzelnen Individuen von diesem Phänomen jedoch nur dann, wenn die dadurch bedingten wechselseitigen Tauschgeschäfte verläßlich vonstatten gehen. Das aber bedeutet: Es muß ein rechtliches Gebot geben, einen abgeschlossenen Vertrag auch zu erfüllen. Jeder Vertragspartner muß sich darauf verlassen können, daß auch sein Gegenüber die vereinbarte Leistung erbringt. Ohne ein allgemeines Gebot der Vertragserfüllung würden viele der jedermann vertrauten, üblichen Verträge auf Dauer – zum Schaden *aller* Beteiligten – von der sozialen Bildfläche verschwinden.

Vermutlich lassen sich außer den im Vorstehenden genannten auch noch weitere rechtliche Institutionen bzw. Normen von einem intersubjektiven Interessenstandpunkt aus für jede – oder doch für jede unter modernen Rahmenbedingungen existente – Rechtsordnung begründen. Auch kann es natürlich der Fall sein, daß gewisse Rechtsnormen zwar unter den speziellen Gegebenheiten der Gesellschaft x, nicht aber unter den Gegebenheiten der meisten anderen Gesellschaften intersubjektiv begründbar sind.

Diesen verschiedenen Möglichkeiten möchte ich hier nicht weiter nachgehen. Stattdessen möchte ich noch auf einen wesentlichen

Aspekt der hier vorgestellten intersubjektiven Begründung gewisser rechtlicher Institutionen wenigstens kurz hinweisen.

Es hat in der menschlichen Geschichte immer wieder Gesellschaften gegeben, deren Rechtsordnungen einige der genannten individuellen Rechte bzw. der mit diesen einhergehenden strikten Verbotsnormen zwar zugunsten einer privilegierten Schicht innerhalb der Bevölkerung, nicht aber zugunsten wirklich *aller* Individuen zum Inhalt hatten. Gibt es von einem subjektivistischen Interessenstandpunkt aus Argumente, die die jeweils Privilegierten davon überzeugen könnten, auf derartige Diskriminierungen zu verzichten?

Es gibt in der Tat solche Argumente, die es jedenfalls im Normalfall für jedes Individuum bei langfristiger Betrachtung durchaus vernünftig erscheinen lassen, tatsächlich *jedem* Mitglied der Gesellschaft dieselben individuellen Grundrechte zuzubilligen. (Siehe näher hierzu Hoerster I, S. 180 ff. und Hart I, S. 200 ff.) Man muß in diesem Zusammenhang bedenken, daß nicht alles, was Menschen de facto wünschen, erstreben oder tun, auch vernunftgeleitet ist und insofern in ihrem wahren – ihrem wohlverstandenen, aufgeklärten – Interesse liegt. Eine Handlung liegt vielmehr nur dann im wahren Interesse des Handelnden und ihre Ausführung ist insofern nur dann rational für ihn, wenn der Entschluß zu der Handlung unter gewissen *Rationalitätsbedingungen* zustande gekommen ist: Der Betreffende muß ihn in einem urteilsfähigen sowie über alle für ihn relevanten Umstände bestmöglich informierten Zustand gefaßt haben (ausführlich Hoerster I, Kap. 1).

So lag beispielsweise die Diskriminierung – bis hin zur Vernichtung – gewisser Minderheiten im «Dritten Reich» sicher nicht im wirklichen Interesse der Machthaber. Denn erstens gingen diese Machthaber zur Legitimation ihrer Maßnahmen von Vorstellungen aus, die – wie etwa die Lehre von der jüdischen «Rasse» und der von ihr ausgehenden Gefährdung des «arischen Menschen» – in hohem Maß irrational waren. Und zweitens hätten diese Machthaber ihr eigenes Leben sowie ihre Macht ohne Zweifel länger bewahren können, wenn sie auf die genannten Maßnahmen verzichtet hätten. Ideologisch oder weltanschaulich motivierte Handlungen liegen selten im wirklichen Interesse des Handelnden; sie tun es nur dann, wenn der Handelnde auf der Basis eines aufgeklärten, rationalen Weltverständnisses die betreffende Handlung ebenfalls gewählt hätte.

Diese Zusammenhänge werden von Anhängern der Subjektivismusthese leider häufig übersehen. So lehnt zum Beispiel Kelsen jede Möglichkeit einer intersubjektiven Rechtsbegründung auf normativer Ebene entschieden ab. Er leitet dabei aus der These, daß es «keinen *a priori* gegebenen, und das heißt absoluten Moralwert» gibt, einen allgemeinen Wertrelativismus ab, der folgendes besagt: Es besteht «keine Möglichkeit, zu bestimmen, was unter allen Umständen für gut und böse, gerecht und ungerecht gehalten werden muß», so daß sich «kein den Inhalten der verschiedenen Moralordnungen gemeinsames Element feststellen» läßt (Kelsen I, S. 66 f.).

Zu einer solchen Position ist von dem hier vertretenen Standpunkt aus folgendes zu sagen: 1. Es trifft zu, daß es keinen «absoluten Moralwert» gibt, daß also alle normativen Urteile moralischer wie rechtsethischer Art relativ sind zu den Einstellungen bzw. Interessen des jeweils Urteilenden. 2. Deutlich übertrieben ist die Behauptung, daß die verschiedenen existenten Moralordnungen «kein gemeinsames Element» aufweisen. Verbietet nicht jede bekannte Moral- bzw. Rechtsordnung etwa ein beliebiges Töten oder Ausrauben zumindest der Mitglieder der eigenen Gesellschaft? 3. Doch selbst wenn die genannte Behauptung uneingeschränkt zutreffen sollte, so folgt daraus nicht, daß sich nicht gewisse moralische *Anforderungen* an eine Rechtsordnung benennen lassen, die von einem intersubjektiven Interessenstandpunkt aus durchaus wohlbegründet sind. Daß eine Gesellschaft bislang etwa kein Tötungsverbot erlassen hat, bedeutet nicht, daß ein solches Verbot nicht in Wahrheit im wohlverstandenen Interesse ihrer einzelnen Mitglieder liegt.

Die Subjektivismusthese hat also für die Begründung des Rechts in der *Realität* keineswegs jene extrem relativistischen Konsequenzen, die ihr von ihren Gegnern gern unterstellt und von einigen ihrer Anhänger auch wirklich zugeschrieben werden. In diesem Zusammenhang ist ein weiterer grundsätzlicher Hinweis auf ein adäquates Verständnis des Interessenbegriffs am Platz: Dieser Begriff muß zum Zweck der Rechtsbegründung nicht nur, wie wir sahen, mit gewissen Rationalitätsbedingungen verknüpft und insofern in einem *eingeschränkten* Sinn verstanden werden. Er muß gleichzeitig in einer anderen Hinsicht auch in einem *weiteren* Sinn verstanden werden, als dies manchmal geschieht. Dieser Sinn ist folgender.

Das Interesse eines Individuums kann, was den Begriff des Interesses angeht, im Prinzip jeden beliebigen Inhalt haben. Das bedeutet zwar, wie schon deutlich wurde, nicht, daß jedes beliebige Ziel *tatsächlich* unter Rationalitätsbedingungen Inhalt menschlicher Interessen ist. Kein Mensch würde unter solchen Bedingungen beispielsweise auf die Idee kommen, sein eigenes Leben zu opfern, um das Leben einer Maus zu retten. Andererseits jedoch ist es ein eklatanter Fehlschluß, anzunehmen, menschliche Interessen könnten rationalerweise ausschließlich *egoistischer* Art sein. Menschliche Interessen können sicher ebensogut auch einen altruistischen oder einen ideellen Inhalt haben. So haben Menschen nicht selten ein (keineswegs unaufgeklärtes) Interesse beispielsweise daran, für das Wohl ihrer Kinder auf gewisse eigene Befriedigungen zu verzichten oder für die Errichtung eines Kunstdenkmals Geld zu spenden. Derartige altruistische bzw. ideelle Interessen sind im Prinzip sicherlich geeignet, die oben auf Interessenbasis vertretene Begründung von individuellen Grundrechten und von zwischenmenschlicher Kooperation dienenden Institutionen zusätzlich zu untermauern.

Immer wieder verfolgen Vertreter einer objektivistischen Moral- und Rechtsbegründung die Strategie, die Subjektivismusthese dadurch ad absurdum zu führen, daß sie diese These mit der krudesten Form eines ethischen und psychologischen Egoismus gleichsetzen. So behauptet etwa der «Starrezensent» für Rechtsphilosophie in der Tageszeitung *Frankfurter Allgemeine*, Michael Pawlik, in der selbstverständlichsten Weise: «Der metaphysikfreie Mensch opfert sich nicht auf» und charakterisiert Denker, die sich einer «Metaphysik des Geistes» verweigern und stattdessen Anhänger einer interessenfundierten Normenbegründung sind, als Leute, die den Menschen lediglich als «kluges Tier» und die Moral lediglich als «Amoralität mit anderen Mitteln» begreifen und damit auf einer Stufe mit dem bekannten DDR-Politiker Erich Honecker stehen *(Frankfurter Allgemeine Zeitung* vom 24. 9. 2004, S. 39 bzw. vom

18. 5. 2001, S. 52). Mit anderen Worten: Wer nicht an absolute, metaphysisch fundierte Werte glaubt, hat ein minderwertiges Menschenbild und ist selbst ein minderwertiger Mensch.

Nebenbei bemerkt: Die Unterstellung, daß ausgerechnet die Protagonisten der totalitären Diktaturen des vergangenen Jahrhunderts den Menschen bloß als «kluges Tier» betrachtet und ihre politischen Ziele dem Publikum dementsprechend ohne jede «Metaphysik des Geistes» vermittelt haben, ist alles andere als zutreffend. Was den Kommunismus angeht, so ist seine völlig irrationale marxistische Geschichtsmetaphysik mit ihrer Prognose einer klassen- und staatslosen Zukunftsgesellschaft wohl hinreichend bekannt. Was aber den Nationalsozialismus angeht, so möchte ich hier nur auf den folgenden, weniger bekannten Satz seines «Führers» hinweisen, wonach «alle wahrhaftigen Nationalsozialisten» kämpfen müssen, «auf daß unser Volk zur Erfüllung der auch ihm vom Schöpfer des Universums zugewiesenen Mission heranzureifen vermag» (Hitler, S. 234).

Die sehr häufig anzutreffende These, welche Konsequenzen eine subjektivistisch interessenfundierte Sichtweise der Rechtsbegründung habe, hätten die genannten totalitären Systeme zur Genüge gezeigt, ist grotesk. (Siehe auch schon oben S. 100.) Was diese Systeme gezeigt haben, ist vielmehr, daß die aufgeklärten Interessen der Menschen sich in der Realität leider nicht jeder beliebigen Ideologie gegenüber durchzusetzen vermögen. Die Forderung nach einer rechtlichen Institutionalisierung bestimmter Grundrechte im allseitigen Interesse der einzelnen Individuen (wie oben dargestellt) hat ohne Zweifel die beste Chance auf Verwirklichung in einem geistigen Klima der Aufklärung über die Unhaltbarkeit *jedweder* Ideologie.

Vorsicht ist vor allem angebracht vor solchen metaphysischen Ideologien, die jedenfalls auch zu Ergebnissen gelangen, die mit den Ergebnissen einer interessenfundierten Sichtweise durchaus in Einklang stehen. Man muß sich in diesem Zusammenhang nämlich folgendes klarmachen. Auch eine falsche Doktrin *kann* durchaus zu – im Einklang mit der richtigen Doktrin – wohlbegründeten Ergebnissen führen. So enthält eine naturrechtliche Sichtweise üblicherweise etwa die Norm, daß man nicht stehlen darf. In diesem

Fall ist zwar das Ergebnis zutreffend, seine Prämisse – die zur Begründung dienende, naturrechtliche Doktrin – aber unzutreffend.

Die Tatsache, daß das Ergebnis offensichtlich Zustimmung verdient, kann bei oberflächlicher Betrachtung allzu leicht dazu verführen, auch die Doktrin, auf die dieses Ergebnis gemeinhin gestützt wird, ohne weiteres als zustimmungswürdig zu akzeptieren. Das aber kann leicht zur Folge haben, daß man auch solche Konsequenzen der falschen Doktrin ohne weiteres zu akzeptieren bereit ist, die nach der richtigen Doktrin alles andere als begründbar sind.

Zunächst ein einfaches Beispiel für dieses Phänomen aus einem anderen Bereich als dem der Rechtsbegründung: Ein «Naturheiler» hat Frau Müller bei mehreren Krankheiten Ratschläge erteilt, die ein kompetenter Facharzt tatsächlich genauso erteilt hätte und die sich gut bewährt haben. Letztere Tatsache motiviert Frau Müller nun dazu, sich auch im Fall eines auftretenden Nierenleidens auf ihren «Naturheiler» zu verlassen, was jedoch schlimme Auswirkungen hat – Auswirkungen, zu welchen die Ratschläge eines kompetenten Facharztes nie geführt hätten.

Im Fall der Rechtsbegründung durch die Naturrechtsdoktrin kann ein entsprechendes Vorgehen etwa die folgende Konsequenz haben. Man leitet aus dieser Doktrin, die sich, was das Verbot von Handlungen wie Diebstahl oder Körperverletzung angeht, anscheinend bewährt hat, nunmehr zum Beispiel auch das Verbot gewisser sexueller Verhaltensweisen ab. So hat etwa der deutsche Bundesgerichtshof im Jahr 1954 in einem Strafverfahren geurteilt, jeder außereheliche Geschlechtsverkehr – und zwar «in besonderem Maße» der Geschlechtsverkehr zwischen Verlobten – müsse als «Unzucht» im Sinn des Kuppeleitatbestandes verstanden werden. Das «aus sich selbst heraus» geltende «Sittengesetz» verbiete einen solchen Verkehr unter allen Umständen, unabhängig von bloßer Sitte oder Konvention. Das Sittengesetz habe nämlich «dem Menschen die Einehe und die Familie als verbindliche Lebensform gesetzt» und damit angeordnet, «daß sich der Verkehr der Geschlechter grundsätzlich nur in der Ehe vollziehen soll, und daß der Verstoß dagegen ein elementares Gebot geschlechtlicher Zucht verletzt». (Zitiert nach: Hoerster [Hrsg.], S. 106 f.)

Diese sexualethische Sichtweise wird heute, fünfzig Jahre später, von führenden deutschen Richtern und Rechtswissenschaftlern nicht mehr vertreten. Das heißt jedoch mitnichten, daß die naturrechtliche Form der Rechtsbegründung abgedankt hat. Inzwischen wird eine solche Rechtsbegründung vielmehr im Dienst anderer, gegenwärtig aktueller rechtspolitischer Auffassungen bemüht. So lautet beispielsweise in der Debatte um eine aktive Sterbehilfe eines der Hauptargumente, eine solche Sterbehilfe sei schon deshalb illegitim und strafwürdig, weil sie einen Verstoß gegen die dem Menschen in einer höheren Ordnung vorgegebene «Unantastbarkeit» oder «Unverfügbarkeit» des menschlichen Lebens darstelle. Von einem interessenfundierten Standpunkt aus betrachtet, läßt sich jedoch ein rechtliches Verbot jeder aktiven Sterbehilfe ebensowenig begründen wie ein rechtliches Verbot jedes außerehelichen Geschlechtsverkehrs. (Ausführlich hierzu Hoerster II, insbesondere Kap. 1 und 2.)

Nach alledem ist eine naturrechtliche Form der Rechtsbegründung auch deshalb abzulehnen, weil sich nie ausschließen läßt, daß sie gerade auch in der Praxis zu fragwürdigen bis völlig inakzeptablen Konsequenzen führt. Daran ändert der Umstand nichts, daß solche Konsequenzen in der rechtsphilosophischen Diskussion nicht selten totgeschwiegen oder verdrängt werden. Daß dies beispielsweise bei der naturrechtlichen Doktrin Immanuel Kants, die sich bis heute in Deutschland enormer Popularität erfreut, der Fall ist, möchte ich im folgenden zeigen.

Die gemeinten Konsequenzen der Kantschen Rechtsbegründung betreffen einen Rechtsbereich, der ebenso wie der Bereich der individuellen Grundrechte ethisch von besonderer Bedeutung ist und deshalb im vorliegenden Zusammenhang ohnehin eine nähere Betrachtung wert ist. Ich meine den Rechtsbereich staatlichen Strafens: Durch keine andere Maßnahme greift der Staat in die Interessensphäre des Individuums so gravierend ein wie durch seine Strafsanktionen. Läßt sich ein solches Eingreifen des Staates von einem interessenfundierten Standpunkt aus begründen?

10. Die Begründung der Kriminalstrafe

Ohne Zweifel hat der Einzelne ein elementares Interesse daran, daß in seiner Gesellschaft gewisse Verbote in Geltung sind, die nicht nur moralischer, sondern auch rechtlicher Art sind. Verbote rechtlicher Art aber sind dadurch charakterisiert, daß sie mit Sanktionen verknüpft sind, die von staatlichen Amtsträgern erlassen und gesetzt werden. Diese Sanktionen können sowohl (als Zwangsvollstreckungen) zivilrechtlicher als auch (als Strafen) strafrechtlicher Natur sein (vgl. schon S. 12).

Es bedarf kaum der Begründung, daß der Einzelne daran interessiert ist, daß der Staat Sanktionen zivilrechtlicher Art setzt. Natürlich ist jemand, der etwa am Verbot des Diebstahls interessiert ist, auch daran interessiert, daß ihm sein trotz des Verbots gestohlenes Eigentum zurückgegeben bzw. ersetzt wird. Ist der Betreffende aber auch daran interessiert, daß der Dieb außerdem noch bestraft wird? Dies ist gewiß weit weniger selbstverständlich.

Eine auf den ersten Blick nicht unplausible Antwort auf die gestellte Frage gibt die sogenannte Präventionstheorie der Strafbegründung: Die Bestrafung des Diebstahls ist nach dieser – an einer interessenfundierten Sichtweise ausgerichteten – Theorie deshalb begründet, weil sie der Prävention oder Verhinderung weiterer Diebstähle dient.

Man darf diese Präventionstheorie in einer Reihe von Punkten nicht falsch verstehen. 1. Sie behauptet nicht, daß die Bestrafung jedes einzelnen Diebstahls einen nachweisbaren Präventionseffekt hat. Sie behauptet lediglich, daß eine (möglichst weitgehende) allgemeine Praxis der Bestrafung von Diebstählen *insgesamt* gesehen einen solchen Effekt hat. 2. Sie behauptet nicht, daß der Präventionseffekt ein totaler ist, daß also – nach einer gewissen Zeit der Strafpraxis – keine Diebstähle mehr stattfinden werden. 3. Sie läßt es

offen, auf welchem psychologischen Weg im einzelnen – auf dem
(negativen) der Abschreckung oder dem (positiven) der Stärkung
des Rechtsbewußtseins – der Präventionseffekt zustande kommt.
4. Sie rechtfertigt nicht ein Strafen beliebiger Art. Die Strafe darf
auch dann, wenn dadurch eine Präventionswirkung erzielt wird,
nicht Unschuldige treffen und muß in ihrer Art und Schwere sowohl mit gewissen fundamentalen Grundrechten vereinbar sein als
auch zu der begangenen Straftat in einem angemessenen Verhältnis
stehen. So darf ein Diebstahl weder mit Verstümmelung noch mit
lebenslanger Freiheitsstrafe geahndet werden.

Daß bei einer verbotenen Handlung wie Diebstahl die Praxis der
Bestrafung tatsächlich eine gewisse Präventionswirkung hat, belegen sowohl die Alltagserfahrung als auch historische Beispiele
(einer starken Zunahme der Diebstähle nach einem Ausfall des staatlichen Strafsystems). Entsprechendes dürfte auch für die übrigen
gewöhnlich vom Staat bestraften Handlungen gelten.

In diesem Zusammenhang verdient eine Tatsache Beachtung, die
in den Erörterungen zur Begründung staatlichen Strafens in der
Regel übersehen wird: Keineswegs *alle* rechtswidrigen, also von der
Rechtsordnung verbotenen Verhaltensweisen werden vom Staat
auch als strafbare Verhaltensweisen oder Straftaten eingestuft. Wer
etwa als Käufer oder Mieter einer Sache den vereinbarten Kauf-
bzw. Mietpreis nicht zahlt, verhält sich nach unserer Rechtsordnung
zwar rechtswidrig, macht sich aber nicht strafbar.

Warum, so muß man fragen, ist in solchen Fällen rechtswidrigen
Verhaltens eine staatliche Strafe nicht vorgesehen? Wenig über-
zeugend ist die bisweilen gegebene Begründung, wonach staatliche
Strafe nur solches rechtswidrige Verhalten verdient, das besonders
gravierend oder das sittlich besonders verwerflich ist. Denn diese
Kriterien dürften bei jemandem, der etwa bedenkenlos gewaltige
Schulden macht, ohne sie jemals abzahlen zu können, viel deut-
licher erfüllt sein als bei einem normalen Kaufhausdieb. Meines
Erachtens kann jedoch die Präventionstheorie der Strafe nach dem
folgenden Muster die gesuchte Begründung liefern.

Jede Strafe ist als solche ein Übel, das allein durch ein künftiges
Gut, das die Strafe herbeiführt, gerechtfertigt sein kann. Dieses Gut
liegt in der Prävention künftigen rechtswidrigen Verhaltens. Einer

solchen Prävention dienen jedoch de facto auch jene (oben genannten) Sanktionen zivilrechtlicher Art. Denn niemand sieht sich gern einer staatlichen Zwangsvollstreckung ausgesetzt, deren Kosten für ihn über die einer bloßen Schuldenbegleichung deutlich hinausgehen. Auch die Praxis staatlicher Zwangsvollstrekkung hat also gewöhnlich durchaus eine Präventionswirkung, wenn auch ihr primärer Zweck nicht die künftige Prävention, sondern die Befriedigung bestehender zivilrechtlicher Ansprüche ist.

Warum könnte es der Staat bei rechtswidrigem Verhalten nun eigentlich nicht *generell* bei der präventiv wirkenden Zwangsvollstreckung zum Zweck der Wiedergutmachung belassen und auf die zusätzliche Strafsanktion verzichten? Denn die Zwangsvollstreckung droht ja nicht nur etwa dem Mietschuldner, sondern natürlich auch etwa dem Dieb, der dem Eigentümer die gestohlene Sache zurückgeben bzw. den Schaden ersetzen muß.

Die einzige überzeugende Antwort darauf stellt – im Einklang mit der Präventionstheorie – auf den folgenden Unterschied ab: Ein Mietschuldner ist stets seinem Vertragspartner – und damit indirekt auch dem staatlichen Sanktionsapparat – bekannt. Genau dies aber trifft auf einen Dieb, einen Einbrecher oder einen Mörder keineswegs zu; seine Identität muß vielmehr in der Regel erst – in einem mehr oder weniger aufwendigen Verfahren – ermittelt werden. Das bedeutet aber, daß die Präventionswirkung einer (mit Sicherheit bevorstehenden) Zwangsvollstreckung im ersten Fall ungleich höher einzuschätzen ist als die Präventionswirkung einer (nur sehr vage drohenden) Zwangsvollstreckung im zweiten Fall.

Die Folge ist: Während man im ersten Fall eine bestimmte Präventionswirkung der drohenden Zwangsvollstreckung normalerweise als ausreichend betrachten kann, kann man dies im zweiten Fall keineswegs tun. Hier ist vielmehr die zusätzliche Androhung der Strafsanktion zur Erreichung der angestrebten Präventionswirkung ganz offenbar unverzichtbar. Zwar ist auch in Bezug auf die Strafsanktion die Identität des Täters natürlich im Normalfall nicht ohne weiteres bekannt. Trotzdem kann die Androhung der Strafsanktion in diesem Fall für einen potentiellen Täter leicht von ausschlaggebender Wirkung sein. Denn erstens droht ihm im Fall seiner Identifizierung außer der Zwangsvollstreckung nunmehr die (weit schlimmere) Strafsanktion noch zusätzlich. Und zweitens übernimmt es – anders als im Fall einer drohenden Zwangsvollstreckung – in diesem Fall der Staat selbst (mit zum Teil sehr aufwendigen und wirksamen Methoden), die Identität des Täters zu ermitteln. Dabei kann das Ergebnis der Ermittlung anschließend natürlich auch zum Zweck der Zwangsvollstreckung verwendet werden.

Wenn man bei alledem auch noch bedenkt, daß die Institution staatlichen Strafens für den Staat bzw. den Steuerzahler mit erheblichen Kosten verbunden ist, dürfte der Verzicht auf Strafe bei jenen rechtswidrigen Verhaltensweisen, bei denen eine Strafandrohung aus dem genannten Grund keine entscheidende zusätzliche Präventionswirkung entfaltet, gut begründbar sein: Der Aufwand steht in keinem vernünftigen Verhältnis zu dem erreichbaren Erfolg. Und das Strafübel als solches bleibt unter dem Strich als Negativum übrig. Soviel zunächst zur Präventionstheorie der Strafe.

Eine völlig andere Begründung staatlichen Strafens ist enthalten in dem Naturrechtsdenken Immanuel Kants. Für Kant dient das Strafübel überhaupt nicht der Prävention zukünftigen, sondern allein der Vergeltung vergangenen Verhaltens. Es gibt, so meint er, ein metaphysisches Prinzip der praktischen Vernunft, wonach ein rechtswidriges Verhalten mit dem Strafübel vergolten werden muß. «Richterliche Strafe», so schreibt Kant, «kann niemals bloß als Mittel, ein anderes Gute zu befördern, für den Verbrecher selbst, oder für die bürgerliche Gesellschaft, sondern muß jederzeit nur darum wider ihn verhängt werden, weil er verbrochen hat». Dabei muß «das Wiedervergeltungsrecht (ius talionis) … die Qualität und Quantität der Strafe» bestimmen, das heißt, es muß, soweit möglich, «Gleiches mit Gleichem» vergolten werden (Kant, S. 453 f.).

Das bedeutet auch: Hat der Straftäter einen Mord begangen, «so muß er sterben». Denn zur Todesstrafe gibt es «kein Surrogat zur Befriedigung der Gerechtigkeit». Kant läßt es auch in diesem Punkt an Konsequenz nicht fehlen: «Selbst, wenn sich die bürgerliche Gesellschaft mit aller Glieder Einstimmung auflösete (z. B. das eine Insel bewohnende Volk beschlösse, auseinander zu gehen, und sich in alle Welt zu zerstreuen), müßte der letzte im Gefängnis befindliche Mörder vorher hingerichtet werden» (Kant, S. 455).

Zweifellos enthält die Kantsche Rechtsphilosophie mit ihrem Plädoyer für ein Menschenrecht auf Freiheit sowie für ein republikanisches Staatswesen Elemente, die wir heute als Elemente einer modernen Demokartie im Kern für unverzichtbar halten. Aus dieser Übereinstimmung darf jedoch nicht der falsche Schluß gezogen werden, daß auch jene metaphysische Begründungsweise, die gemäß Kant zur Legitimation der genannten Elemente unverzichtbar ist, unsere Zustimmung verdient. Zu welch fragwürdigen Konsequenzen diese Begründungsweise *ebenfalls* führen kann, dürfte die obige Darstellung von Kants Straftheorie ja hinreichend verdeutlicht haben. Nur wenige eingefleischte Kantianer sind heutzutage noch bereit, diese Konsequenzen ausdrücklich zu billigen. Allein die Tatsache, daß nach der Kantschen Vergeltungstheorie anders als nach der Präventionstheorie konsequenterweise *jede* rechtswidrige Handlung auch strafrechtlich geahndet werden muß, dürfte diese Theorie für die meisten von uns inakzeptabel machen.

Weit interessanter als die Kantsche Straftheorie, wonach ein «kategorischer Imperativ» strafende Vergeltung völlig unabhängig von jeglichem menschlichen Interesse als ein ehernes Gesetz gebietet (siehe Kant, S. 453), erscheint mir eine ganz andere Form von Vergeltungstheorie, die sich im Prinzip in eine interessenfundierte Form der Rechtsbegründung integrieren läßt.

Diese Form von Vergeltungstheorie beruht nicht auf der metaphysischen Annahme einer der menschlichen Vernunft vorgegebenen Norm, wonach Rechtsverstöße Vergeltung finden müssen, sondern auf der empirischen Annahme eines in der Gesellschaft verbreiteten *Bedürfnisses* nach Vergeltung, das die Menschen de facto haben und das es zu befriedigen gelte. Warum, so lautet die Frage, verdienen vom Standpunkt einer interessenfundierten Sichtweise die Bedürfnisse bzw. die Interessen der Menschen an der *Vergeltung* (vergangener Straftaten) nicht im Prinzip ebensosehr Berücksichtigung wie ihre Interessen an der *Prävention* (zukünftiger Straftaten)? Und reichen nicht diese vorhandenen Interessen an Vergeltung vollkommen aus, dieselben Ergebnisse zu begründen wie die Kantsche Vergeltungstheorie – Ergebnisse also, die von einer Präventionswirkung der Strafe (die jeweils vorhanden sein mag oder nicht) ganz unabhängig sind? Was spricht denn etwa gegen die Todesstrafe zur

Befriedigung des Vergeltungs- oder Rachebedürfnisses der gesetzes-
treuen Bürger? Steckt nicht vielleicht hinter der metaphysischen
Position Kants letztlich auch nichts anderes als die ideologische
Verkleidung eines solchen sehr realen Bedürfnisses?

Unterstellen wir einmal, daß dieses Vergeltungsinteresse oder
Rachebedürfnis (das über die Forderung nach Wiedergutmachung
des angerichteten Schadens hinausgeht!) in der Bevölkerung stark
verbreitet ist. Dann lautet, so meine ich, die entscheidende Frage:
Hat der Einzelne unter dieser Bedingung ohne weiteres auch ein
Interesse an der Institution einer reinen Vergeltungsstrafe, also
an einer Übelszufügung dem Straftäter gegenüber, die weder bei
diesem selbst noch bei der Allgemeinheit die geringste Präventionswirkung für die Zukunft hat? Dies erscheint mir für den Durchschnittsmenschen aus den folgenden Gründen sehr fragwürdig.

Man darf aus der bloßen Existenz eines Rachebedürfnisses bei
einem Individuum nicht den Schluß ziehen, daß dieses Bedürfnis
von dem Betreffenden nicht hinterfragt bzw. kritisiert werden kann
insofern, als es mit bestimmten Annahmen verbunden ist, die sich
bei näherer Betrachtung nicht hinreichend begründen lassen. Wenn
dies aber der Fall ist, entspricht dem vorhandenen Bedürfnis nicht
wirklich ein (aufgeklärtes) *Interesse*, das gleichzeitig einen rationalen Grund für die Befürwortung der betreffenden Praxis oder
Institution darstellt. (Siehe hierzu oben S. 100.)

Eine solche Annahme könnte im gegebenen Fall lauten, daß
Vergeltung entweder einem Gebot Gottes oder einem kategorischen
Vernunftgebot im Sinne Kants entspricht und daß sie schon deshalb
vom Menschen gewollt sein muß. Da diese Annahmen sich jedoch
nicht hinreichend begründen lassen, würde unter diesen Umständen
das vorhandene Bedürfnis nach Vergeltung nicht mit einem wirklichen Interesse identisch sein. Unser Individuum hätte in Wahrheit
also keinen guten Grund, eine Übelszufügung zum Zweck der Vergeltung zu befürworten.

Eine solche Annahme könnte aber auch rein empirischer Art
sein. So könnte der Betreffende etwa als selbstverständlich davon
ausgehen, daß er selbst von einer Vergeltungsstrafe nicht betroffen
wäre. Das heißt insbesondere, daß er selbst niemals eine Straftat begehen würde und insofern auch nicht Opfer einer Vergeltungsstrafe

werden könnte. Diese Annahme mag in vielen Fällen auch tatsächlich recht gut begründet sein. Wie steht es aber um eine Annahme, die im Normalfall mindestens ebenso relevant sein könnte, dem Betreffenden vermutlich jedoch viel seltener ausdrücklich bewußt wird? Ich meine die Annahme, daß auch jene Individuen, die ihm als Angehörige oder Freunde nahestehen, in keinem Fall straffällig werden. Jeder, der aus bloßem Rachebedürfnis Anhänger der Vergeltungsstrafe ist, sollte sich rationalerweise eben auch fragen: «Möchte ich das gewiß nicht auszuschließende Risiko in Kauf nehmen, daß mein Bruder oder daß meine Freundin Opfer einer reinen Vergeltungsstrafe wird?»

Meine Vermutung geht dahin, daß die allermeisten Menschen, die sich spontan als Anhänger der Vergeltungsstrafe bezeichnen würden, im Grunde durchaus davon überzeugt sind, daß die staatliche Strafpraxis zumindest *auch* einen erheblichen *präventiven* Effekt hat. Wie anders läßt es sich erklären, daß diese Menschen in der Regel eben nicht – im Gegensatz zum geltenden Recht – eine Vergeltungsstrafe für *jedes* rechtswidrige Verhalten fordern?

In diesem Zusammenhang ist zu bedenken, daß wir für unsere Einstellungen die eigentlichen uns bestimmenden Gründe häufig nicht spontan benennen können. Dies ist unschädlich, sofern wir jedenfalls prinzipiell fähig und bereit sind, uns durch intensives Nachdenken jene Gründe, die für unsere Einstellungen bei einer rationalen Betrachtung die Basis bilden, ausdrücklich bewußt zu machen. Es ist deshalb nicht unbedingt aussagekräftig, daß viele Menschen offenbar so etwas wie ein spontanes Vergeltungsbedürfnis gegenüber einem Straftäter verspüren. Denn da der präventive Effekt staatlichen Strafens jedenfalls feststeht, dient ein in der Bevölkerung lebendiges Vergeltungsbedürfnis *de facto* – auch ohne daß die Menschen dies unbedingt selbst reflektieren und sich stets von neuem klarmachen – genau diesem präventiven Effekt und hat insofern selbst für den Anhänger der Vergeltungstheorie im Ergebnis eine auf einen sinnvollen, zukünftigen Zweck bezogene Funktion. So kann selbst durch ein unreflektiertes Bedürfnis der Menschen nach Vergeltung letztlich doch die Prävention künftiger Straftaten gefördert werden!

Noch ein weiterer guter Grund läßt sich für ein spontan vorhandenes Vergeltungsbedürfnis innerhalb der Bevölkerung anführen. Eine Bestrafung muß offenbar, um begründet zu sein, tatsächlich an die Bedingung geknüpft sein, daß sie 1. den einer vorausgegangenen Straftat Schuldigen trifft und daß sie 2. in einem angemessenen Verhältnis zu der Schwere dieser Straftat steht (vgl. schon oben S. 107). Vergeltung im Sinn einer engen Bezugnahme der Bestrafung auf die vorangegangene Straftat ist also in der Tat eine *notwendige* Bedingung legitimen Strafens.

Der Grund hierfür ist auf der Basis einer interessenfundierten Sichtweise nicht schwer einsehbar: Eine Bestrafung, die dieser Bedingung nicht genügen würde, wäre ganz offenbar nicht im Interesse des einzelnen Individuums. Denn kein normaler Mensch würde bei klarem Verstand ein Strafsystem befürworten, in dem er selbst oder seine Angehörigen bestraft werden könnten, ohne überhaupt einer Straftat schuldig zu sein, oder in dem das Strafmaß zur Schwere der begangenen Straftat außer allem Verhältnis stünde.

Mit anderen Worten: Prävention künftiger Rechtsverstöße ist zwar fraglos ein vernünftiges Ziel, nicht aber Prävention *um jeden Preis*. Gewiß liegt es in meinem Interesse als Käufer, daß es in Zukunft weniger Ladendiebstähle gibt, da diese sich negativ auf die Preise auswirken. Es läge aber nicht in meinem umfassenden (auch altruistischen) Interesse, wenn dieses Ziel dadurch erreicht würde, daß die schuldlosen Kinder überführter Ladendiebe eingesperrt oder die Ladendiebe selbst erhängt würden.

Schließlich noch eine Bemerkung zur Todesstrafe. Läßt sich die Todesstrafe vielleicht nicht auch auf Grundlage der Präventionstheorie rechtfertigen? Dies erscheint nicht völlig ausgeschlossen. Warum sollte das schwerste denkbare Strafübel nicht zur Prävention der schwersten Straftat, des Mordes, in Betracht kommen? Entscheidend *gegen* die Todesstrafe sprechen jedoch die beiden folgenden Gesichtspunkte. 1. Eine auf einem Justizirrtum basierende Todesstrafe kann – anders als andere Formen der Strafe – nachträglich in *keiner* Weise wenigstens partiell wiedergutgemacht werden. 2. Es gibt keine überzeugenden Belege dafür, daß die Todesstrafe eine über eine langjährige Freiheitsstrafe *hinausgehende* Präventionswirkung auf potentielle Mörder ausübt. Warum also das größere Strafübel, wenn das kleinere die gleiche Wirkung hat?

11. Gründe für den Rechtsgehorsam

Ziel meiner Ausführungen in den beiden vorangehenden Kapiteln war nicht eine umfassende Theorie der möglichen Resultate rationaler Rechtsbegründung, sondern lediglich der Versuch, anhand von zwei zentralen Elementen jeder aufgeklärten, modernen Rechtsordnung – dem Element individueller Grundrechte und dem Element der staatlichen Kriminalstrafe – wenigstens im Ansatz zu zeigen, wie eine metaphysikfreie, von den Interessen des Individuums ausgehende Sichtweise das Problem der Rechtsbegründung in Angriff nimmt.

Zum Abschluß dieser rechtsethischen Ausführungen sei im vorliegenden Kapitel noch kurz dargestellt, wie von einem interessenfundierten Standpunkt aus eine Stellungnahme zur Frage des Rechtsgehorsams und damit zu der oben (S. 77 f.) angesprochenen Befolgungsthese aussehen kann. Die ethische Frage nach einem außerrechtlichen Gebot zur Rechtsbefolgung betrifft dabei sämtliche rechtlichen Gebotsnormen, einschließlich jener, die mit Sanktionen strafrechtlicher Art verknüpft sind.

Gibt es für den einzelnen Bürger auf der Basis seiner Interessen einen ausreichenden guten Grund, ist es also rational für ihn, eine gültige Rechtsnorm, deren Adressat er ist, allein deshalb, weil sie eine gültige Rechtsnorm ist, auch zu befolgen? Mit Sicherheit gibt es einen solchen Grund, wie wir schon im Zusammenhang unserer Erörterung des Rechtspositivismus sahen, nicht *in jedem Fall*. Worauf aber kommt es im einzelnen an, ob es einen solchen Grund gibt oder nicht? Es ist wichtig zu erkennen, daß für die Befolgung von Rechtsnormen im Prinzip zwei sehr unterschiedliche Gründe in Betracht kommen: ein sanktionsorientierter Grund und ein verfassungsorientierter Grund. (Vgl. schon oben S. 40 f. und S. 62.)

Der sanktionsorientierte Grund zur Rechtsbefolgung besteht darin, daß der Bürger für den Fall der Nichtbefolgung der betreffenden Rechtsnorm mit einer gewissen Wahrscheinlichkeit mit irgendwelchen gegen ihn gerichteten Sanktionen des Staates rechnen muß. So habe ich zum Beispiel als Autofahrer jedenfalls dann einen völlig ausreichenden Grund, mich an die gesetzliche Geschwindigkeitsbeschränkung zu halten, wenn auf der von mir befahrenen Straße gerade eine Verkehrskontrolle stattfindet.

Der verfassungsorientierte Grund ist vermutlich auf den ersten Blick für jedermann nicht ganz so selbstverständlich. Dieser Grund ist für den einzelnen Bürger unter der Voraussetzung gegeben, daß er von seinem Standpunkt aus guten Grund hat, jene Verfassungsnormen zu akzeptieren, die die Legislative seines Staates zum Erlaß gültiger Rechtsnormen ermächtigen. Denn wenn ich mit gutem Grund eine bestimmte Autorität zur Normsetzung akzeptiere, dann habe ich insoweit automatisch auch guten Grund, die von der Autorität erlassenen Normen zu akzeptieren. Worin könnte sonst meine Akzeptanz der betreffenden Autorität überhaupt bestehen?

Das bedeutet zum Beispiel ganz konkret: Wenn ich mit gutem Grund Demokrat bin, dann habe ich insoweit ebenfalls guten Grund, die demokratisch zustandegekommenen Gesetze zu akzeptieren und somit zu befolgen. Mit anderen Worten: Ich habe unter dieser Voraussetzung auch dann guten Grund, mich an die gesetzliche Geschwindigkeitsbeschränkung zu halten, wenn mit Sicherheit gerade keine Verkehrskontrolle stattfindet, wenn mir also tatsächlich keine staatlichen Sanktionen drohen. Wenn ich dagegen keinen guten Grund habe, die Verfassung des Landes, in dem ich lebe, zu akzeptieren, dann habe ich auch nicht per se einen guten Grund, eine im Einklang mit dieser Verfassung zustande gekommene Rechtsnorm – nur deshalb, weil sie eine gültige Rechtsnorm ist – zu akzeptieren. Ich habe lediglich unter Umständen einen sanktionsorientierten Grund zur Befolgung der Rechtsnorm im jeweiligen Einzelfall.

Das bisher zur Normbefolgung Gesagte kann allerdings bei genauerer Betrachtung nur als die halbe Wahrheit gelten. Denn selbst ein sanktionsorientierter oder ein verfassungsorientierter «guter Grund» zur Rechtsbefolgung kann offenbar nicht als ein unter allen Umständen ausreichender, als ein *definitiver* Grund zur Rechts-befolgung angesehen werden. Dies ergibt sich schon daraus, daß beide genannten Gründe ja auf den Inhalt der betreffenden Rechts-norm überhaupt keinen Bezug nehmen. Es wäre gewiß alles andere als rational, einen definitiven Grund zur Befolgung einer bestimmten Norm als gegeben anzunehmen völlig unabhängig davon, was diese Norm für einen Inhalt hat, welches Handeln im einzelnen sie also gebietet.

Die Lösung des Problems kann meines Erachtens nur darin liegen, daß man die beiden genannten Rechtsbefolgungsgründe immer nur als *prima facie*-Gründe betrachtet, das heißt als Gründe, denen zwar in jedem beliebigen Fall ein gewisses Gewicht zukommt, die in einem konkreten Fall aber nur dann wirklich den Ausschlag geben können, wenn in diesem Fall keine sonstigen, schwerer wiegenden Gründe einer Rechtsbefolgung entgegenstehen.

Diese sonstigen Gründe können natürlich insbesondere moralischer Art sein. So hat der Bürger von seinem Standpunkt aus ohne Zweifel guten Grund, einer Rechtsnorm auch trotz drohender Sanktionen oder trotz seiner Akzeptanz der Verfassung die Gefolgschaft dann zu verweigern, wenn die von der Norm gebotene Handlung in eindeutigem Widerspruch zu einer von ihm als verbindlich akzeptierten Moralnorm steht. Es ist insbesondere diese Sachlage, die gewisse Fallkonstellationen in einem sogenannten «Unrechtsstaat» kennzeichnet (vgl. oben S. 84). Aber auch in einem Staat mit einer akzeptablen Verfassung können einzelne Rechtsnormen für den Bürger letztlich aus moralischen Gründen nicht befolgungswürdig sein. Daß eine Rechtsnorm etwa auf demokratischem Weg zustande gekommen ist, sagt über ihren Inhalt ja noch nichts aus.

Außerdem dürfte auch dann nicht selten ein ausreichender Grund zur Verweigerung der Rechtsbefolgung vorliegen, wenn die fragliche Rechtsnorm dem Bürger zwar kein von ihm als unmoralisch angesehenes Handeln abverlangt, wohl aber Beschränkungen oder Pflichten auferlegt, für die ein allgemein nachvollziehbarer Grund ihm nicht erkennbar ist.

Ein Beispiel hierfür scheint mir etwa das in Deutschland bis heute gültige strafrechtliche Verbot des Beischlafs zwischen Geschwistern (§ 173 Strafgesetzbuch) zu sein, dessen Mißachtung eine «Freiheitsstrafe bis zu zwei Jahren» nach sich ziehen kann. Ein weiteres, weniger dramatisches Beispiel wäre etwa eine weiterbestehende Geschwindigkeitsbeschränkung an einer ehemaligen Baustelle. In solchen Fällen dürfte der Bürger, alles in allem betrachtet, durchaus einen ausreichenden rationalen Grund haben, sich über das oben genannte, verfassungsorientierte prima facie-Argument hinwegzusetzen und seine Rechtsbefolgung ausschließlich von der Schwere und der Wahrscheinlichkeit der ihm konkret drohenden Sanktionen abhängig zu machen.

12. Die Rechtsfindung im Einzelfall

Rechtsnormen, wie sie im Gesetzes- oder im Gewohnheitsrecht einer Rechtsordnung vorkommen, sind in aller Regel Normen *allgemeiner* Natur oder Sozialnormen. Das bedeutet: Sie bedienen sich allgemeiner Begriffe und sind deshalb auf eine unbestimmte Zahl konkreter Fälle anwendbar. Bürger ebenso wie Amtsträger wollen als Adressaten des Rechts aber häufig wissen, ob ein bestimmter Einzelfall vom Recht erfaßt wird bzw. unter eine bestimmte Rechtsnorm fällt. Wenn im folgenden die Frage nach der Rechtsfindung im Einzelfall erörtert wird, so wird diese Rechtsfindung in aller Regel auf Normen bezogen, die *gesetzesrechtlicher* Natur sind.

Manchmal versteht sich die richtige Antwort auf die Frage von selbst. Dies ist dann der Fall, wenn der mögliche Adressat einer Rechtsnorm die Beschreibung des betreffenden Einzelfalles ohne weiteres in Begriffe faßt, die sich mit den Begriffen der in Frage kommenden Norm decken. Wenn etwa der Bürger B wissen möchte, ob er einen bestimmten «Menschen», der ihm häufig begegnet und sein Mißfallen erregt, «töten» darf, so kann er aus der Formulierung der §§ 211 bzw. 212 Strafgesetzbuch («Wer einen Menschen tötet») ohne weiteres entnehmen, daß er dies *nicht* tun darf. Und wenn der Amtsträger A wissen möchte, ob das Recht ihm die Sanktionierung des B, der diesen «Menschen» trotz des Verbotes «getötet» hat, gebietet, so ergibt sich die Antwort auf diese Frage ebenfalls ohne weiteres aus den genannten Normen.

Ähnlich problemlos lassen sich die entsprechenden Fragen aber auch dann beantworten, wenn der Adressat einer Rechtsnorm den ihn betreffenden Einzelfall zwar nicht spontan in genau den Begriffen dieser Norm, wohl aber in Begriffen beschreibt, die nach allgemeinem Sprachverständnis ohne Zweifel von den Begriffen dieser Norm erfaßt werden. Dieser Fall liegt etwa vor, wenn im obigen

Beispiel die Frage lautet, ob B einen «Eskimo erschießen» darf bzw. wie A auf die «Erschießung eines Eskimos» durch B zu reagieren hat. Denn jeder kompetente Benutzer der deutschen Sprache weiß mit absoluter Sicherheit, daß die «Erschießung eines Eskimos» einen Unterfall der «Tötung eines Menschen» darstellt.

Schon diese trivialen Beispiele zeigen, daß eine gewisse allgemeine These, mit der man in Abhandlungen zur «Juristischen Methodenlehre» immer wieder konfrontiert wird, einfach falsch ist. Ich meine die These, wonach jede Antwort auf die Frage, ob ein bestimmter Einzelfall unter eine bestimmte allgemeine Rechtsnorm fällt, eine «Auslegung», «Deutung» oder «Interpretation» des Rechts bzw. des Gesetzes voraussetzt – wonach also auch eine richterliche Fallentscheidung niemals ohne eine solche «Auslegung» ergehen kann.

Richtig könnte diese These nur dann sein, wenn man mit der «Auslegung» einer Norm (das heißt: des betreffenden Normsatzes) nichts anderes als das «Verständnis» der Norm meinen würde. Tatsächlich geht die «Auslegung» einer Norm über das bloße «Verständnis» der Norm jedoch deutlich hinaus. Ich muß den § 223 Strafgesetzbuch, der es verbietet, eine andere Person «körperlich zu mißhandeln», in keiner Weise *auslegen*, um zu wissen, daß es unter dieses Verbot fällt, einem anderen Menschen massive Faustschläge ins Gesicht zu geben. Was allerdings unverzichtbar ist, damit ich die Norm überhaupt anwenden kann, ist, daß ich sie *verstehe*. Wenn ich ein Ausländer ohne Kenntnis der deutschen Sprache wäre, wäre diese Bedingung nicht erfüllt.

Jedes der bislang genannten Beispiele zeigt: Die sogenannte «Subsumtion» (Unterordnung) eines Einzelfalles oder einer Fallgruppe unter eine sich an eine unbestimmte Zahl von Adressaten richtende Sozialnorm setzt keineswegs in jedem Fall so etwas wie eine Auslegung, Deutung oder Interpretation dieser Norm voraus. Richtig ist, daß eine solche Subsumtion in *manchen* Fällen eine Auslegung der betreffenden Norm voraussetzt. Betrachten wir die folgenden Beispiele.

Angenommen, jemand schneidet einer jungen Frau ohne ihre Einwilligung ihren altmodischen Zopf ab; oder jemand spuckt einem Politiker, den er verabscheut, heftig ins Gesicht. In diesen Fällen muß man, so scheint es, tatsächlich zuerst so etwas wie eine

Auslegung des Begriffs «körperliche Mißhandlung» vornehmen, um sagen zu können, ob in ihnen die Vorschrift des § 223 verletzt wird.

Oder nehmen wir an, Richter R muß entscheiden, ob der Angeklagte A, der mit seiner Schwester eine Liebesbeziehung hatte, deshalb zu bestrafen ist. Dies hängt nach § 173 Strafgesetzbuch (vgl. S. 116 f.) davon ab, ob A mit seiner Schwester «den Beischlaf vollzogen» hat. Nachweisbar hat A mit seiner Schwester am Montag einen leidenschaftlichen Zungenkuß ausgetauscht, am Donnerstag typischen Geschlechtsverkehr gehabt und am Sonntag sein Glied lediglich in den sogenannten «Scheidenvorhof» seiner Schwester eingeführt. Unter diesen Umständen genügt R offenbar ein bloßes *Verständnis* des Begriffs «Beischlaf» zur Entscheidungsfindung, daß A zwar nicht wegen seiner Tat am Montag, wohl aber wegen seiner Tat am Donnerstag zu bestrafen ist. An einer wirklichen *Auslegung* des Begriffs «Beischlaf» geht für R jedoch kein Weg vorbei, wenn er über die Strafbarkeit von As Tat am Sonntag zu entscheiden hat. Die gewöhnliche, jedermann geläufige Bedeutung des Begriffs «Beischlaf» scheint nämlich mit beiden möglichen Beurteilungen der Tat vereinbar zu sein. Tatsächlich ist es unter deutschen Rechtsexperten äußerst umstritten, ob es für eine strafbare «Blutschande» nach § 173 wirklich erforderlich ist, «daß das männliche Glied – wenn auch nur unvollständig – in die Scheide eingedrungen ist» (so die Position des Strafrechtswissenschaftlers Theodor Lenckner, in: Schönke/Schröder, Rn. 3 zu § 173) oder ob, wie der Bundesgerichtshof entschieden hat, ein «Eindringen des männlichen Gliedes in das weibliche Geschlechtsorgan» ausreicht, auch ohne daß das Glied «in die eigentliche Scheide gelangt» ist. (Entscheidungen des Bundesgerichtshofs in Strafsachen, Band 16, S. 177. Für ein weiteres Beispiel erforderlicher Gesetzesauslegung siehe oben S. 53.)

Bevor ich zu der Frage komme, nach welchen Kriterien die erforderlichen Auslegungen in problematischen Fällen wie den oben angeführten erfolgen können, möchte ich näher ausführen, *warum* es so ist, daß in manchen Fällen anstehender Subsumtion eine wirkliche Auslegung der Norm bzw. einzelner ihrer Begriffe tatsächlich unverzichtbar ist.

So gut wie jeder Begriff unserer Alltagssprache hat in bezug auf seine Anwendung neben einem eindeutig negativen Bereich und einem eindeutig positiven Bereich, den man als *Kernbereich* bezeichnen kann, auch einen *Grenzbereich*. Das heißt: Es gibt für jeden Begriff neben einer Vielzahl von Fällen, die mit Sicherheit *nicht* von ihm erfaßt werden, und einer Vielzahl von Fällen, die mit Sicherheit von ihm *erfaßt* werden, auch eine Anzahl von Fällen, bei denen man mit gutem Grund schwanken kann, ob man sie unter den Begriff subsumieren soll oder nicht. Der Grund ist, daß jeder Begriff in seiner Bedeutung ein gewisses Maß an Unbestimmtheit oder Vagheit hat.

In diesem Sinn fallen etwa Elefanten oder Rosen in den negativen Bereich des Begriffs «Mensch»; Greise jeglicher Hautfarbe fallen in den positiven Bereich, den Kernbereich des Begriffs «Mensch»; und Embryonen fallen in den Grenzbereich des Begriffs «Mensch». Oder: Während der Kölner Dom fraglos eine «Kirche» und der Berliner Reichstag fraglos keine «Kirche» ist, kenne ich verschiedene sakrale Bauwerke, bei denen ich schwanke, ob ich sie jeweils als «Kirche» – oder vielmehr als «Kapelle» – bezeichnen soll.

Die rechtsphilosophisch entscheidenden Fragen in diesem Zusammenhang lauten nun: 1. Wie kann man bei einem Begriff auf rationale Weise herausfinden, an welchen Punkten sein positiver bzw. sein negativer Anwendungsbereich jeweils in den fragwürdigen Grenzbereich übergeht? 2. Gibt es eine zuverlässige Methode, auch in jenen Fällen, die in den Grenzbereich einer Rechtsnorm fallen, zu einer wohlbegründeten Rechtsfindung zu gelangen? Und 3. schließllich: Welche Rolle kann im Zusammenhang dieser beiden Fragestellungen die Rechtswissenschaft spielen?

Wie im Vorangehenden deutlich wurde, hängt der Anwendungsbereich eines Begriffs von nichts anderem als von seiner *Bedeutung* ab. Die Bedeutung aber richtet sich nach der Konvention innerhalb der betreffenden Sprachgemeinschaft. So ist es zum Beispiel eine reine Angelegenheit der Konvention, ob ein bestimmtes Bauwerk in den Kernbereich des Begriffs «Kirche» oder des Begriffs «Kapelle» oder aber in den Grenzbereich zwischen beiden Begriffen fällt.

Der Inhalt einer sozialen Konvention jedweder Art aber kann prinzipiell auf empirischem Weg durch Beobachtung und Befragung der betreffenden Menschen ermittelt werden. Dabei wird in vielen Fällen bereits eine *Selbst*beobachtung bzw. -befragung ausreichen. Im Zweifelsfall jedoch besteht prinzipiell die Möglichkeit, durch Einbeziehung eines größeren Personenkreises herauszufinden, ab welchem Ausmaß etwa ein sakrales Bauwerk von *keinem* normalen Sprachbenutzer mehr als «Kirche» bezeichnet wird und insofern auch von keinem Rechtsanwender mehr korrekterweise unter den Begriff «Kirche» subsumiert werden kann. Auch eine Konsultation einschlägiger Wörterbücher der deutschen Sprache kann in solchen Fällen häufig weiterhelfen.

Kurzum: Die Ermittlung der Bedeutung einer Rechtsnorm zum Zweck ihres Verständnisses ist ein empirisch-wissenschaftliches Unterfangen. Daran ändert prinzipiell auch die Tatsache nichts, daß eine Rechtsnorm natürlich stets in einem spezifisch juristischen Kontext steht. In zweierlei Hinsicht kann sich dabei ein solcher Kontext auf das Verständnis einer Rechtsnorm auswirken.

Zum einen kann eine Rechtsnorm bzw. ein bestimmter Begriff innerhalb einer Rechtsnorm im Lauf der Zeit eine spezifisch juristische Bedeutung angenommen haben, die von der gewöhnlichen, normalsprachlichen Bedeutung mehr oder weniger stark abweicht. Sofern dies der Fall ist, läßt sich diese Bedeutung jedoch im Prinzip – nämlich bezogen auf die Innung der Juristen – auf die gleiche empirische Weise ermitteln wie im Normalfall.

Zum zweiten aber kann sich aus einer *anderen* Rechtsnorm (N2) eine ganz bestimmte Bedeutung für die zur Debatte stehende Rechtsnorm (N1) ergeben. Das ist dann der Fall, wenn N2 einen in N1 vorkommenden Begriff ausdrücklich definiert. Das führt dann dazu, daß wir die Bedeutung von N2 (des sogenannten «Definiens») zu ermitteln haben. Und das heißt: Wir sind insoweit wieder bei unserer ursprünglichen Vorgehensweise angelangt. Ein Beispiel: Nach § 598 Bürgerliches Gesetzbuch (N1) ist «der Verleiher einer Sache verpflichtet, dem Entleiher den Gebrauch der Sache unentgeltlich zu gestatten». «Sachen im Sinne des Gesetzes» aber sind, wie § 90 Bürgerliches Gesetzbuch (N2) festlegt, «nur körperliche Gegenstände».

Nach alledem läßt es sich durchaus auf rationale Weise herausfinden, welche Einzelfälle bzw. Fallgruppen im Kernbereich einer

Rechtsnorm liegen. Zu einer abgeschlossenen Rechtsfindung im Subsumtionswege ist dabei natürlich immer auch ein logischer Schluß erforderlich. Wir sahen ja schon (S. 42 f.), daß es zwischen normexpressiven Sätzen ebenso wie zwischen deskriptiven Sätzen im Prinzip logische Ableitungsbeziehungen geben kann.

Beide genannten Tätigkeiten kann zweifelsohne auch der Rechtswissenschaftler – in seiner Funktion als Wissenschaftler – ausführen: Er kann zum einen durch empirische Untersuchungen sprachlicher Konventionen die Anwendbarkeit der Rechtsnormen einer Gesellschaft in ihrem Kernbereich erkennen und darstellen. Und er kann zum anderen durch logische Schlüsse ableitbare Konsequenzen der Rechtsnormen einer Gesellschaft erkennen und darstellen sowie eventuell bestehende logische Widersprüche zwischen verschiedenen Rechtsnormen einer Rechtsordnung aufdecken. Beide Arten von Tätigkeiten sind dabei in der Regel eng miteinander verbunden. Insofern kann der Rechtswissenschaftler unter Anwendung einer als logisch-empirisch zu bezeichnenden Methode das Ziel verfolgen, die gesamte Rechtsordnung einer Gesellschaft so weitgehend wie möglich in ihrem systematischen Zusammenhang erkennbar zu machen.

Damit kommen wir zu der weitaus brisanteren der beiden oben genannten Fragen: Gibt es eine rationale Methode der Subsumtion von Einzelfällen oder Fallgruppen unter eine Rechtsnorm auch dann, wenn diese Einzelfälle oder Fallgruppen in den *Grenzbereich* der Rechtsnorm fallen? Kann man also etwa in den oben angeführten problematischen Auslegungsfällen mit Anspruch auf intersubjektive Verbindlichkeit behaupten, welches die jeweils richtige Lösung ist? Und kann dementsprechend insbesondere der Rechtswissenschaftler diese Lösung finden?

Gelegentlich besteht offenbar die Möglichkeit, einen Fall im Grenzbereich einer Rechtsnorm durch Hinweis auf den eindeutigen Bedeutungsgehalt einer anderen Rechtsnorm einer unanfechtbaren Lösung zuzuführen. Man spricht in solchen Fällen von einer «systematischen Auslegung» der betreffenden Rechtsnorm. Folgendes Beispiel mag das Gemeinte verdeutlichen. Wie schon gesagt, fällt der menschliche Embryo offenbar in den Grenzbereich des normalsprachlichen Begriffes «Mensch»: Manche Benutzer der deutschen

Sprache bezeichnen den Embryo als Menschen, andere dagegen nicht. Trotzdem läßt sich die Frage, ob der Embryo unter den Begriff «Mensch» in den §§ 211 und 212 Strafgesetzbuch («Wer einen Menschen tötet») zu subsumieren ist, definitiv – und zwar negativ – beantworten. Dasselbe Strafgesetzbuch enthält nämlich in seinen §§ 218 ff. – unter dem Stichwort «Schwangerschaftsabbruch» – eine ausdrückliche Regelung der Tötung von Embryonen (im Mutterleib), ohne dabei auf die §§ 211 und 212 in irgendeiner Weise Bezug zu nehmen. Diese eigenständige Regelung der §§ 218 ff. wäre offensichtlich unverständlich, wenn man den Embryo als «Mensch» im Rahmen der §§ 211 und 212 ansehen würde. (*Nicht* zeigen läßt sich auf diese Weise allerdings, daß der Embryo etwa auch kein «Mensch» im Sinn des Grundgesetzes und seines Artikel 1 zum Schutz der «Menschenwürde» ist.)

Derartige Lösungsmöglichkeiten von Subsumtionsproblemen im Grenzbereich, die häufig durchaus komplizierterer Natur als im gerade genannten Fall sind, bilden jedoch die Ausnahme. Wie kann man also im Normalfall vernünftigerweise vorgehen? Innerhalb der «Juristischen Methodenlehre», wie sie von deutschen Rechtswissenschaftlern gepflegt wird, hat es sich seit langem eingebürgert, im Grenzbereich der Subsumtion neben der genannten «systematischen Auslegung» vor allem auf die beiden folgenden Auslegungsmethoden zu rekurrieren: die «historische Auslegung» und die «teleologische Auslegung». Beide Auslegungsmethoden sind, wie ich nun zeigen möchte, in verschiedener Hinsicht äußerst fragwürdig.

Zunächst wird in diesem Zusammenhang immer wieder ein grundsätzlicher Fehler begangen: Man unterscheidet nicht zwischen einer *rechtstheoretischen* und einer *innerrechtlichen* Betrachtungsweise. Genauer gesagt: Man reklamiert für die genannten Auslegungsmethoden eine rechtstheoretische Legitimität, die sie aber schon deshalb nicht haben können, weil wir es hier in Wahrheit mit einer rein innerrechtlichen Fragestellung zu tun haben. Diese Behauptung bedarf näherer Erläuterung. (Vgl. zum folgenden auch Kelsen I, Teil VIII.)

Blicken wir für einen Moment zurück. Wir sahen, daß es zum Zweck der Rechtsfindung im Einzelfall zuallererst darauf ankommt, die sprachliche Bedeutung einer Rechtsnorm bzw. ihrer Begriffe empirisch zu ermitteln und so den Kernbereich der Rechtsnorm abzustecken. Dabei ist die These, daß es genau hierauf ankommt, eine Konsequenz der folgenden Überlegung. Eine Gesetzesnorm ist gewöhnlich identisch mit einer Verhaltensaufforderung – und zwar einer Verhaltensaufforderung, deren Inhalt in einen *Normsatz* gekleidet ist. Wer aber einen Normsatz als Normvertreter äußert, gibt damit automatisch seinem Willen Ausdruck, daß der Normadressat jedenfalls primär genau das tut, was der Satz besagt, das heißt was seiner sprachlichen Bedeutung gemäß ist. Wie anders ließe sich eine Norm bzw. ein Normsatz auf den Einzelfall anwenden, wenn man nicht zunächst einmal von dem betreffenden Normsatz als solchem – also von dem, was dieser Satz sprachlich beinhaltet oder besagt – ausgehen würde? Zweifellos wird es das Ziel des Normvertreters sein, das von ihm in dem Normsatz *Gesagte* so zu formulieren, daß es das von ihm mit der Norm letztlich *Gewollte* möglichst effizient in die Praxis umsetzt. Unter diesen Umständen von dem Normadressaten etwa zu erwarten, sich primär an dem bloßen *Willen* des Normvertreters zu orientieren, der ihm *als solcher* gar nicht zugänglich ist und den der Normvertreter vielleicht tatsächlich in dem Normsatz nicht adäquat formuliert hat, wäre nicht sinnvoll.

Nach alledem ist das primäre Abstellen auf die sprachliche Bedeutung bei der Rechtsfindung im Einzelfall einfach eine Konsequenz der Tatsache, daß eine Rechtsordnung sich überhaupt mit allgemeinen, sprachlich formulierten Normen an die Amtsträger sowie die Bürger wendet. Weit problematischer ist insofern allerdings die Absteckung des Kernbereichs einer Rechtsnorm, die anstatt dem Gesetzes- dem Gewohnheitsrecht angehört. Denn eine solche Rechtsnorm findet sich in der rechtlichen Wirklichkeit in einer einheitlichen sprachlichen Formulierung gar nicht vor, sondern kann erst durch den theoretischen Betrachter aus gewissen rechtlich relevanten Einstellungen und Äußerungen der Bürger sowie Amtsträger erschlossen werden. Ich möchte dieser speziellen Problematik hier jedoch nicht weiter nachgehen.

Während es für die richtige Anwendung einer Rechtsnorm also notwendig zunächst einmal auf ihre sprachliche Bedeutung ankommt, ist die Frage nach ihrer Auslegung zwecks Anwendung im

Grenzbereich eine prinzipiell offene Frage. Und zwar handelt es sich bei dieser Frage keineswegs um eine Frage philosophischer bzw. rechtstheoretischer Art, sondern um eine Frage, die *ausschließlich* gemäß den gültigen *Auslegungsnormen* der jeweiligen Rechtsordnung zu beantworten ist! Damit ist folgendes gemeint: Jede Rechtsordnung kann ihre eigenen, spezifischen Auslegungs- oder Methodennormen enthalten, die festlegen, nach welchen Kriterien bzw. nach welcher Methode die Rechtsfindung im Grenzbereich ihrer Normen zu erfolgen hat.

Daß die Auslegungsmethode des Rechts der jeweiligen Rechtsordnung selbst überlassen bleiben muß, ergibt sich zwingend daraus, daß für die Auslegung von Rechtsnormen (wie von Normen überhaupt) keineswegs nur eine einzige Methode, sondern eine Vielzahl von Methoden bzw. Kriterien in Betracht kommt. So kann man gesetzliche Rechtsnormen zum Beispiel auslegen (bzw. auszulegen versuchen) gemäß den Absichten ihres Erzeugers oder gemäß der moralischen Einstellung der Mehrheit der betreffenden Bevölkerung oder gemäß den Forderungen einer bestimmten Religionsgemeinschaft oder gemäß den Inhalten einer bestimmten Naturrechtslehre oder gemäß der eigenen moralischen Einstellung des Auslegenden und so fort.

Daß es demgegenüber – entgegen der gängigen Meinung unter den Rechtswissenschaftlern – keineswegs rechtstheoretisch selbstverständlich ist, zur Auslegung des Rechts gerade den Willen (die Absicht, das Ziel, den Zweck) des Rechtserzeugers, des sogenannten historischen Gesetzgebers heranzuziehen, zeigen auch die folgenden Überlegungen.

1. Warum soll es bei einer Rechtsnorm, die vielleicht vor Jahrzehnten erlassen wurde, sogar auf einen Gesetzgeber ankommen, der längst nicht mehr im Amt bzw. schon verstorben ist? Wenn es schon auf den Gesetzgeber ankommen soll: Wäre es dann nicht viel sinnvoller, auf den Willen des *gegenwärtigen* Gesetzgebers abzustellen? Denn dieser ist es doch, der die betreffende Rechtsnorm insofern zur Zeit vertritt, als er an ihr festhält, obschon er sie jederzeit aufheben könnte. Sollte also nicht sinnvollerweise jener Wille bzw. jene Zielvorstellung, die – unter vielleicht veränderten Bedingungen – der gegenwärtige Gesetzgeber mit der unverändert gül-

tigen Rechtsnorm verbindet, ausschlaggebend sein? Auch dürfte es in vielen Fällen eher schwieriger sein, den Willen des historischen Gesetzgebers (etwa aus Dokumenten) als den Willen des gegenwärtigen Gesetzgebers (etwa durch Befragungen) zu ermitteln. Daß sich dabei in nicht wenigen Auslegungsfragen vermutlich weder aus der einen noch aus der anderen Quelle *irgendwelche* relevanten Informationen gewinnen lassen, sei am Rande erwähnt.

2. In einer Staatsform wie der modernen Demokratie gibt es gar nicht *den* Gesetzgeber, sondern eine Vielzahl von Individuen, nämlich Abgeordneten, die ein bestimmtes Gesetz erlassen haben bzw. derzeit vertreten. Das aber bedeutet, daß es von vornherein durchaus nicht ausgeschlossen ist, daß von diesen Individuen ganz unterschiedliche Ziele mit derselben Rechtsnorm verbunden werden. So verbinden mit dem oben (S. 120) angeführten Inzestverbot verschiedene Personen offenbar ganz unterschiedliche Ziele: die einen das Ziel, einer möglichen Zeugung von genetisch geschädigtem Nachwuchs vorzubeugen; die anderen das Ziel, einen moralischen Tabubruch zu verhindern. Es dürfte ohne weiteres einleuchten, daß diese unterschiedliche Zielsetzung für die oben erörterte Problematik des Inzestfalles sowie für die ebenfalls umstrittene Frage, ob der Vollzug des «Beischlafs» einen Samenerguß zur Bedingung hat, unmittelbare Relevanz gewinnen kann.

Die hier vertretene These, daß es prinzipiell Sache jeder Rechtsordnung selbst ist, die Auslegungskriterien für ihre Normen zu bestimmen, scheitert nicht etwa daran, daß nach dieser These ja auch diese Bestimmungen selbst Rechtsnormen sind, deren Bedeutung verstanden bzw. ausgelegt werden muß. Es ist nämlich ohne weiteres möglich, den Kernbereich auch dieser Bestimmungen jedenfalls nach der oben angeführten empirischen Methode festzulegen, ihre Auslegung im Grenzbereich jedoch einfach dem Gutdünken des jeweiligen Rechtsauslegers zu überlassen. Auf diese Weise kann die betreffende rechtliche Auslegungs- oder Methodennorm zumindest einen erheblichen Teil der Auslegungsprobleme der gewöhnlichen Rechtsnormen einer aus der jeweiligen Rechtsordnung zwingend sich ergebenden Lösung zuführen.

Hilft die Zuordnung der Auslegungsfrage zu der jeweiligen Rechtsordnung für die Praxis der Rechtsfindung aber tatsächlich weiter? Es ist zuzugeben, daß dies häufig *nicht* der Fall ist. Denn tatsächlich scheinen viele Rechtsordnungen entweder gar keine oder nur sehr unzureichende Auslegungsnormen zu enthalten. Dabei ist allerdings zu bedenken, daß Auslegungsnormen im Prinzip – ebenso wie andere Rechtsnormen – auch gewohnheitsrechtlicher Natur sein können. Die Rechtsordnung der Bundesrepublik Deutschland scheint jedoch, soweit ich sehe, keine spezifischen Auslegungsnormen zu enthalten. Vermutlich hat nicht zuletzt die Irrlehre, wonach die Rechts*theorie* solche Normen parat hat, dazu beigetragen, solche Normen im Recht selbst für überflüssig zu halten.

Falls eine konkrete Rechtsordnung tatsächlich aber keine einzige Auslegungsnorm enthält, so hat dies die folgende Konsequenz: Es bleibt ausschließlich dem das Recht auslegenden Individuum selbst überlassen, nach welchen Kriterien es den im Grenzbereich einer Rechtsnorm angesiedelten Einzelfall entscheidet. Dies gilt insbesondere für den das Recht auslegenden *Amtsträger*, der zur rechtsverbindlichen Entscheidung des betreffenden Einzelfalles ermächtigt ist. Es ist naheliegend, daß dieser Amtsträger seiner Entscheidung weniger fremde Willensbekundungen als vielmehr die eigene Präferenz bzw. moralische Einstellung zu dem betreffenden Fall zugrunde legt. So wird vermutlich derjenige, der eine Bestrafung des Inzestes unter Geschwistern grundsätzlich ablehnt, den Begriff «Beischlaf» in dem zitierten § 173 Strafgesetzbuch so eng wie eben möglich auslegen, das heißt als Richter nur jene Fälle bestrafen, die wirklich in den *Kernbereich* dieses Begriffes fallen.

Zu einer scheinbar objektiven Legitimation einer in Wahrheit sehr persönlichen Auslegungsentscheidung eignet sich hervorragend die zweite der oben (S. 124) genannten, von unseren Rechtswissenschaftlern mit philosophischem Anspruch vertretenen Auslegungsmethoden, nämlich die sogenannte «teleologische Auslegung». Diese Methode, der von manchen Rechtswissenschaftlern sogar vor der «historischen Auslegung» Priorität eingeräumt wird, stellt ab auf einen angeblich objektiv gegebenen und erkennbaren «Sinn und Zweck» des Gesetzes. Bei näherem Hinsehen zeigt sich jedoch, daß dieser «Sinn und Zweck» des Gesetzes, unter Berufung auf den tatsächlich immer wieder Auslegungsfragen entschieden werden, nichts anderes ist als eine ideologische Worthülse, die der Bemäntelung einer in Wahrheit ohne jede Begründung getroffenen Entscheidung dient. Aus diesem Grunde kann die «teleologische» im Unterschied zur «historischen» Auslegung nicht einmal als *innerrechtliche* Auslegungsmethode, sofern in der betreffenden Rechtsordnung vorgesehen, eine sinnvolle Funktion erfüllen.

Wieso ist der «Sinn und Zweck» des Gesetzes bzw. der Rechtsnorm nichts anderes als eine Worthülse? Beginnen wir unsere Analyse mit dem «Sinn» der Rechtsnorm. Hiermit kann, realistisch betrachtet, zweierlei gemeint sein: entweder der «Sinn» des Normsatzes oder der «Sinn» der Norm als realer Gegebenheit.

Mit dem «Sinn» eines Normsatzes kann gar nichts anderes gemeint sein als seine *Bedeutung*. Die Ermittlung dieses Sinnes ist damit in jeder Hinsicht identisch mit dem oben (S. 118 f.) behandelten *Verstehen* der sprachlichen Bedeutung. Zur spezifischen *Auslegung* einer Rechtsnorm kann diese Sinnermittlung also absolut nichts beitragen.

Anders verhält es sich offenbar mit dem «Sinn» einer Rechtsnorm als realer Gegebenheit. Hiermit kann bei realistischer Betrachtung nur folgendes gemeint sein: Sowohl der Erzeuger oder Vertreter einer Rechtsnorm als auch jeder, der mit der Rechtsnorm konfrontiert ist, kann mit ihr einen «Sinn» verbinden insoweit, als sie einem Ziel dient, das er hat, bzw. einem Zweck, den er verfolgt. Dieser Zweck kann dabei entweder mit der Normbefolgung durch den Adressaten unmittelbar identisch sein oder mittelbar durch diese Normbefolgung realisiert werden. So gesehen, ist der «Sinn» der Rechtsnorm also nichts anderes und nichts weiteres als der – in der angeführten Formel ebenfalls genannte – «Zweck» der Rechtsnorm! Was aber ist der «Zweck» der Rechtsnorm?

Die Antwort lautet: Den Zweck der *Rechtsnorm* – den Zweck, den die Rechtsnorm als solche, von jeder menschlichen Zwecksetzung unabhängig, hat – kann es gar nicht geben! Denn jeder Zweck ist *begriffsnotwendig* verbunden mit einem bestimmten Individuum, das diesen Zweck hat. Insofern ist jeder Zweck notwendig subjektiver Natur – was nicht ausschließt, daß manche Zwecke von zahlreichen oder sogar allen Individuen intersubjektiv geteilt werden.

Damit aber sind wir unvermeidlich wieder bei genau dem Punkt, an dem wir bereits waren, nämlich bei der Frage: Die Zwecke (Absichten, Ziele, Sinngebungen etc.) genau *welcher* Individuen bzw. Gruppen sollen im Fall tatsächlich divergierender Zwecke für die Auslegung einer Rechtsnorm den Ausschlag geben? Und woraus können wir eine rechtsverbindliche Antwort auf diese Frage entnehmen, wenn nicht aus dem geltenden Recht der jeweiligen Rechtsordnung?

Es ist ein einziger großer Schwindel, so zu tun, als ob mit der «teleologischen Auslegung» gemäß dem «Sinn und Zweck» des Gesetzes eine rechtstheoretisch-philosophisch begründete Methode für die Rechtsauslegung gefunden wäre, die 1. jeder konkreten Rechtsordnung notwendig vorgegeben ist und die 2. im jeweiligen Fall, falls richtig angewandt, zu dem einen, objektiv richtigen Ergebnis führen kann. Beides ist eindeutig nicht der Fall. Die die Auslegungspraxis der deutschen Juristen weitgehend beherrschende «teleologische» Methode dient nichts anderem als der Pseudolegitimation einer mitnichten objektiven Auslegung – einer Auslegung, die in Wahrheit an den eigenen, gewöhnlich im Gefolge einflußreicher gesellschaftlicher Strömungen gebildeten Zielsetzungen orientiert ist.

Was insbesondere die deutsche *Rechtswissenschaft* durch ihre in diesem Sinn verstandene Tätigkeit der Auslegung, Deutung oder Interpretation der eigenen Rechtsordnung gewöhnlich zu Tage fördert, hat mit dem, was man guten Gewissens als «Wissenschaft» bezeichnen kann, wenig zu tun. Dem entspricht es, daß in der Alltagspraxis dieser «Rechtswissenschaft» kaum eine Argumentation so verbreitet ist wie die Berufung auf die sogenannte «herrschende Meinung», also auf die Meinung der Mehrheit bzw. der Meinungsführer unter den jeweiligen Fachkollegen. Zwar kommt es auch vor, daß ein Autor in einer bestimmten Auslegungsfrage der «herrschenden Meinung» ausdrücklich nicht folgt. In solchen Fällen aber spricht gewöhnlich vieles dafür, daß die von der herrschenden Meinung von heute abweichende Auffassung bereits die herrschende Meinung von morgen vorwegnimmt.

Eine Rechtswissenschaft, die diesen Namen verdient, kann sich Fragen der Auslegung von Rechtsnormen nur insoweit widmen, als die betreffende Rechtsordnung Methodennormen enthält, die Kriterien nennen, nach denen diese Auslegung zu erfolgen hat. Natürlich kann die Rechtsfindung im Einzelfall, die Subsumtion des Einzelfalles unter eine allgemeine Rechtsnorm, niemals ohne eine Auslegung erfolgen, sofern der Einzelfall in den Grenzbereich der Rechtsnorm fällt. Es ist jedoch nicht Aufgabe der Wissenschaft, der juristischen Alltagspraxis (insbesondere der Alltagspraxis der Gerichte) die für sie unvermeidlichen Entscheidungen abzunehmen bzw. durch die Bereitstellung von Pseudolegitimationen zu erleichtern. Der Wissenschaftler hat sich in seiner Funktion eigener Werturteile zu enthalten und auf eine objektive Darstellung der Tatsachen zu beschränken.

13. Resümee

Eine Rechtsordnung ist nach der hier vertretenen Sichtweise eine zwar sehr komplexe, aber gleichwohl reale, von Menschen geschaffene soziale Gegebenheit. Diese Gegebenheit erschöpft sich nicht in bestimmten äußeren Verhaltensweisen einer Bevölkerung. Denn Normen lassen sich nicht auf angepaßte äußere Verhaltensweisen reduzieren; und eine Rechtsordnung besteht aus Normen. Doch auch Normen besitzen, sofern sie einer existierenden Rechtsordnung angehören, notwendig ein empirisches Fundament. Man kann deshalb ihre Existenz mit ausschließlich empirischen und logischen Mitteln erkennen und beschreiben. Allerdings muß man zu diesem Zweck außer auf bestimmte Verhaltensaufforderungen bestimmter Menschen (der Mitglieder der Legislative), ihre logischen Konsequenzen und ihre Wirkung auf die Bevölkerung auch auf bestimmte innere Einstellungen bestimmter anderer Menschen (der staatlichen Amtsträger) Bezug nehmen. Doch auch innere Einstellungen sind prinzipiell – vermittelt durch entsprechende äußere Bekundungen – empirischer Wahrnehmung zugänglich.

Unter diesen Voraussetzungen kann man eine Rechtsordnung und ihre Normen völlig wertungsfrei erkennen und beschreiben. Gerade etwas, das man letztlich auch bewerten und vielleicht sogar ändern möchte, sollte man zunächst einmal nüchtern so, wie es wirklich ist, zur Kenntnis nehmen. Eine faktisch existente Rechtsordnung, die etwa Schwarzen oder Frauen in diskriminierender Weise das politische Wahlrecht vorenthält, ändert man nicht dadurch, daß man sich weigert, diese Normenordnung als «Rechtsordnung» bzw. die betreffenden Wahlrechtsnormen als «Rechtsnormen» zu bezeichnen. Natürlich kann man in diesem Fall seiner moralischen Empörung dadurch Ausdruck geben, daß man die Normen etwa als «nicht recht», als «ungerecht» oder als «illegitim» qualifiziert. Es ist jedoch absolut nichts dadurch gewonnen, daß man sich weigert, sie gleichwohl als «Rechtsnormen» einer existenten «Rechtsordnung» zu bezeichnen. Beschreiben und bewerten sind der Sache nach ganz unterschiedliche Aktivitäten und sollten der Klarheit halber nicht begrifflich in einen Topf geworfen werden.

Die Bewertung des Rechts bzw. die Aufstellung normativer Anforderungen an das Recht ist in ihrer Begründung auf ethische Prämissen angewiesen. Nach der hier vertretenen Auffassung können diese Prämissen letztlich nur auf die Realisierung individueller Interessen bzw. eines Kompromisses solcher Interessen Bezug nehmen. Der Glaube an dem Menschen und der Gesellschaft vorgegebene Normen eines Naturrechts beruht danach auf einer Illusion und führt in der Praxis nicht selten zu unaufgeklärten rechtlichen Institutionen ideologischer Art.

Auf einer Illusion beruht auch die Vorstellung, für die Anwendung von Rechtsnormen auf den Einzelfall gebe es stets die objektiv richtige Lösung, die sich mit Hilfe der Rechtswissenschaft ermitteln läßt.

14. Anhang: Kritik an Hans Kelsens «Reiner Rechtslehre»

In diesem Anhang soll die berühmte und weltweit einflußreiche «Reine Rechtslehre» Hans Kelsens mit ihrer spezifischen Sichtweise vom Normcharakter des Rechts in ihren wesentlichen Zügen dargestellt und kritisiert werden. Da diese Sichtweise wie ein roter Faden Kelsens gleichnamiges Buch durchzieht, werde ich die Zitate auf die wichtigsten beschränken. Meine Kritik basiert auf jener eigenen Position zu der Thematik, die ich in den obigen Kapiteln 2 bis 6 im einzelnen entwickelt habe.

Sehr bewußt bezeichnet Kelsen seine gesamte Rechtstheorie oder Rechtslehre – im Unterschied zu anderen Rechtslehren – als «rein». Was will er damit zum Ausdruck bringen? Kelsen möchte mit seiner Forderung nach Reinheit die Wissenschaft vom Recht «von allen ihr fremden Elementen befreien» (Kelsen I, S. 1). Solche fremden Elemente sind für ihn nicht nur *wertende* und *weltanschauliche* Elemente metaphysischer, religiöser, ideologischer, politischer und moralischer Natur, sondern im Prinzip auch *deskriptiv-empirische* Elemente soziologischer und psychologischer Natur. Kelsen möchte die Rechtswissenschaft als eine völlig eigenständige, rein normative Wissenschaft verstanden wissen.

Man darf diese Reinheitsforderung nicht falsch verstehen. Kelsen will weder leugnen noch kritisieren, daß die genannten Elemente in mehr oder weniger großem Ausmaß tatsächlich in das *Recht* einer Gesellschaft in prägender Weise Eingang finden. Es ist allein die *Wissenschaft* vom Recht, die er – im Widerspruch zu einer verbreiteten Praxis – von diesen Elementen befreien und als eine Disziplin ganz eigener Art, die sich sowohl von jeder Form von wertender Stellungnahme als auch von jeder nur empirisch-wissenschaftlichen Betrachtungsweise deutlich abgrenzt, etablieren möchte.

Kelsens «Reinheitsgebot» ist, was das Freisein von jeglichen *wertenden* bzw. *weltanschaulichen* Elementen angeht, nach meiner Auffassung wohlbegründet. Ich habe diese Forderung, mit der Kelsen keineswegs allein dasteht, sondern sich als Anhänger eines «Rechtspositivismus» erweist, in Kapitel 8 bereits ausführlich verteidigt.

Als wenig überzeugend jedoch erscheint mir Kelsens Forderung, die Rechtswissenschaft darüber hinaus als eine von *empirischen* Elementen freie, als eine außerempirische Wissenschaft ganz eigener Art zu verstehen. Diese Forderung soll im folgenden eingehend kritisiert werden.

Zunächst einmal ist es eine ganz triviale Tatsache, daß jede Rechtswissenschaft, die diesen Namen überhaupt verdient, ihrer Darstellung einer Rechtsordnung und deren Normen in der folgenden Weise empirische Tatsachen zugrundelegen muß: Sie muß zur Kenntnis nehmen, welche generellen Anordnungen die ermächtigten Amtsträger dieser Rechtsordnung im einzelnen erlassen haben. So kann etwa ein Strafrechtswissenschaftler das Strafrecht eines Staates nicht darstellen, ohne als Basis seiner Darstellung das von der Legislative dieses Staates erlassene Strafgesetzbuch heranzuziehen. Freilich erfordert diese Kenntnisnahme empirischer Fakten keine fachwissenschaftliche, etwa soziologische Untersuchung.

Doch noch in einer weiteren Hinsicht ist jeder Rechtswissenschaftler bei seiner Tätigkeit auf eine durchaus empirische Voraussetzung angewiesen, die ebenfalls ganz unverzichtbar ist: Er muß von der Tatsache ausgehen, daß jene mit physischen Zwangsakten verbundene Normenordnung, die bzw. deren Elemente er darstellt, in dem oben (S. 28) beschriebenen Sinn soziale *Wirksamkeit* besitzt. Der Grund hierfür liegt darin, daß, wie gezeigt, ohne diese soziale Wirksamkeit eine *Normenordnung* gar nicht jene spezifische Form realer Existenz besitzen kann, die eine *Rechtsordnung* auszeichnet und diese etwa von einer bloß auf dem Papier stehenden Normenordnung oder von einer noch um die Vorherrschaft in der Gesellschaft kämpfenden Normenordnung unterscheidet. Auch für die Feststellung dieser empirischen Tatsache reicht in der Regel der Alltagsverstand des Durchschnittsmenschen aus. Es sind jedoch Konstellationen – etwa bürgerkriegsähnliche Zustände – denkbar, in denen allein eine wissenschaftliche Untersuchung überzeugend dartun kann, ob eine bestimmte Normenordnung (noch bzw. schon) als «im großen und ganzen wirksam» in der betreffenden Gesellschaft anzusehen ist.

Anhänger wie Kritiker der «Reinen Rechtslehre» sind sich denn auch im Ergebnis einig, daß eine Wissenschaft vom Recht ohne eine Berücksichtigung der genannten empirischen Sachverhalte *unmöglich* ist. Der Streit innerhalb des «Rechtspositivismus» geht darum, ob eine Wissenschaft vom Recht sich nicht in derartigen Annahmen empirischer Natur sogar *erschöpfen* kann. Die Kritiker behaupten dies – was, wie wir noch sehen werden, nicht bedeutet, daß sie sich insoweit auf die *oben genannten* empirischen Annahmen *beschränken* müssen. Die Anhänger andererseits behaupten im Einklang mit der von Kelsen immer wieder vehement vertretenen Position, daß ein *ausschließlich* empirisches Verständnis der Natur des Rechts in entscheidender Hinsicht den eigentlichen Sinn des Rechts verfehlt. Wie sieht Kelsens alternatives Verständnis des Rechts aus, und wie versucht er es zu begründen? (Siehe zum folgenden Kelsen I, Teil I, Kap. 4.)

Kelsen geht von folgender Feststellung aus: Das Recht einer konkreten Rechtsordnung besteht, so wie es den unbefangenen Betrachter bzw. den Rechtswissenschaftler konfrontiert, *keineswegs* aus bloß empirischen Tatsachen – aus einem *Sein* –, sondern aus Normen – aus einem *Sollen*. Und in der Tat besagt das Recht, wie wir schon sahen (S. 10), ja beispielsweise nicht, daß oder daß nicht oder wie häufig gestohlen *wird*, sondern daß nicht gestohlen werden *soll*.

Kelsen will mit seiner Feststellung nicht etwa behaupten, daß der Rechtswissenschaftler *seinerseits* die Forderung erhebt, daß nicht gestohlen werden soll; der Rechtswissenschaftler ist es ja nicht, der die betreffende Norm erlassen hat. Der Rechtswissenschaftler hat sich zudem, wie insbesondere Kelsen seine Funktion versteht (siehe oben S. 134), als Rechtswissenschaftler jeder eigenen Bewertung menschlichen Verhaltens zu enthalten. Er nimmt das Recht einer bestimmten Gesellschaft lediglich zur Kenntnis, stellt es dar und beschreibt es.

Trotzdem sind Gegenstand der Beschreibung nicht empirische Tatsachen, sondern Normen: Der Rechtswissenschaftler beschreibt, was gemäß einer bestimmten Rechtsordnung *gesollt* ist. Wenn dieses Sollen sich jedoch in rein empirischen Kategorien darstellen ließe, so wäre es ja in Wahrheit doch nichts anderes als ein bloßes Sein; zumindest müßte es sich aus einem bloßen Sein folgern oder ableiten lassen. Sein und Sollen aber sind fundamental verschieden. Ein Sollen kann niemals aus einem bloßen Sein abgeleitet werden, und aus ausschließlich deskriptiven Prämissen kann auf keine Weise eine normative Konklusion gewonnen werden. So die Sichtweise Kelsens.

Worin aber besteht nun für Kelsen, positiv gesprochen, das Wesen eines Sollens oder einer Norm, insbesondere einer Rechtsnorm? Welche Voraussetzungen müssen erfüllt sein, damit wir sagen können, daß eine Rechtsnorm vorhanden ist oder existiert, so daß der Rechtswissenschaftler sie beschreiben kann?

Die Existenz einer Norm besteht für Kelsen stets in ihrer *Gültigkeit* oder *Geltung*. (Kelsen verwendet die beiden Begriffe austauschbar.) Gültig oder geltend aber ist eine Norm genau dann, wenn sie von jemandem im Einklang mit einer anderen, höherrangigen Norm gesetzt oder erlassen wurde. Das bedeutet: Eine Rechtsnorm muß, um als Rechtsnorm gültig zu sein, zu gelten oder zu existieren, von jemandem, der dazu durch eine Rechtsnorm höherer Stufe ermächtigt ist, also von einem dazu autorisierten Amtsträger erlassen sein. Zu der empirischen Tatsache des Normerlasses muß somit die *Ermächtigung* des die Norm Erlassenden durch eine andere Norm hinzukommen.

Diese Sichtweise ist, wie wir schon mehrfach sahen, für die gewöhnlichen Normen einer Rechtsordnung in der Sache zutreffend. Denn tatsächlich betrachten wir etwa eine neue Strafrechtsnorm ja genau dann als gültig, wenn 1. gewisse Menschen diese Norm tatsächlich erlassen haben und wenn 2. diese Menschen – in ihrer Eigenschaft als Angehörige der Legislative – durch die Staatsverfassung zum Erlaß dieser Norm ermächtigt waren. Worin besteht aber nun laut Kelsen die Gültigkeit, Geltung oder Existenz der Rechtsnormen, die die Staatsverfassung bilden?

Wenn man die Normentheorie, die Kelsen in seinem Werk durchgängig – ob explizit oder implizit – vertritt, für bare Münze nimmt, dann müssen auch diese Rechtsnormen, um als Rechtsnormen existieren zu können, sich wiederum auf höherrangige gültige Rechtsnormen zurückführen lassen. So behauptet Kelsen nicht nur für Rechtsnormen, sondern für Normen jeder Art ausdrücklich: «Der Geltungsgrund einer Norm kann nur die Geltung einer anderen Norm sein», wobei diese andere Norm jeweils als die «höhere Norm» bezeichnet wird (Kelsen I, S. 196 und ähnlich S. 203). Mit anderen Worten: Eine Norm existiert, das heißt hat Gültigkeit oder Geltung genau dann, wenn sie im Einklang mit einer anderen gültigen oder geltenden Norm erlassen wurde.

Dies aber ist in Wahrheit, wie schon gezeigt wurde (S. 24), definitiv nicht möglich. Denn erstens gibt es gar keine höhere Rechtsnorm, die den Verfassungsgeber zum Erlaß der *Verfassung* ermächtigt; die Verfassung selbst stellt ja per definitionem die *höchste* Norm innerhalb einer Rechtsordnung dar. Die Verfassung kann also ihrerseits gar keinen Geltungsgrund in einer weiteren Rechtsnorm haben. Und zweitens wären wir, wenn auch die Verfassung als höchste Rechtsnorm in dem von Kelsen bezeichneten Sinne Geltung oder Gültigkeit besäße, gezwungen, einen unendlichen Regreß von Normen anzunehmen. Ja, ohne einen solchen Regreß könnten wir in Wahrheit, wenn wir Kelsen beim Wort nehmen, nicht nur nicht die Verfassung, sondern auch nicht eine einzige aus der Verfassung abgeleitete Rechtsnorm unterer Stufe als gültig ansehen! Kelsens obige Behauptung über den Geltungsgrund einer Norm bzw. Rechtsnorm ist unsinnig.

Diese Behauptung steht außerdem in deutlichem Widerspruch dazu, wie Kelsen innerhalb seiner Theorie die Geltung von Rechtsnormen *tatsächlich* zu begründen sucht. Er tut dies nämlich dadurch, daß er seine Lehre von der *Grundnorm* aufstellt. Diese originelle und viel erörterte Lehre ist wie folgt zu verstehen. Kelsen hält zwar daran fest, daß sämtliche Rechtsnormen *unterhalb* der Verfassung nur dann Gültigkeit besitzen, wenn sie im Einklang mit einer gültigen höheren Rechtsnorm erlassen wurden. Und er hält ebenfalls daran fest, daß auch der Verfassung als der höchsten Rechtsnorm Gültigkeit zukommt; sonst könnten ja nach seiner Meinung auch die unteren Rechtsnormen nicht gültig sein. Die *Gültigkeit der Verfassung* aber beruht nach seiner Lehre – im Widerspruch zu seiner Behauptung über den Geltungs- oder Gültigkeitsgrund von

Normen – keineswegs auf einer weiteren gültigen Norm! Sie beruht vielmehr auf einer vom Rechtswissenschaftler gemachten Annahme; und eben diese Annahme, wonach der Verfassung Gültigkeit zukommt, bezeichnet Kelsen als die «Grundnorm».

Das aber bedeutet: Der Rechtswissenschaftler findet diese Grundnorm nicht etwa in der Realität vor, sondern er selbst *erfindet* sie, insofern er die Geltung der Verfassung einfach *voraussetzt*. Die sogenannte Grundnorm ist also gar keine Norm! Sie wird von Kelsen lediglich in gewisser Hinsicht wie eine Norm *behandelt* – zum Zweck der Aufrechterhaltung der These, daß die Verfassung eine geltende oder gültige Norm ist. Behandelt wie eine Norm wird die Grundnorm jedoch lediglich in ihrer Funktion «nach unten». Im Blick «nach oben» dagegen kann sie, da laut Kelsen ihre «Geltung nicht weiter in Frage gestellt wird» (Kelsen I, S. 205), gar nicht als Norm auftreten. Denn sonst wären wir ja wieder in dem genannten unendlichen Regreß: Wir müßten eine weitere Grundnorm (höherer Stufe) annehmen, um die Ausgangsgrundnorm als gültig erscheinen zu lassen, und so fort. Der Sinn der Grundnormannahme liegt für Kelsen also darin, zum einen der Verfassung (und mit ihr der gesamten Rechtsordnung) Geltung zu verleihen und zum anderen jeder Nachfrage nach weiteren Geltungsgrundlagen des Rechts eine Absage zu erteilen.

Der *eigentliche* und *letzte* Geltungsgrund *jeder* Rechtsnorm – ja *jeder* Norm schlechthin – ist für Kelsen in Wahrheit also *niemals* eine tatsächliche Norm, sondern stets nur eine gemachte Annahme! Die Tatsache, daß die Geltung einer Rechtsnorm niederer Stufe sich nicht *unmittelbar* der Grundnormannahme verdankt, ändert an dieser Tatsache nichts.

Soweit zum Wesen der von Kelsen eingeführten Grundnorm als der vom Rechtswissenschaftler aufzustellenden Gültigkeitsvoraussetzung der Verfassung. Die große Frage lautet: Bietet diese Grundnorm wirklich die einzig mögliche oder jedenfalls die bestmögliche Rekonstruktion der Tätigkeit des Rechtswissenschaftlers, nämlich seiner Darstellung der Normen einer existenten Rechtsordnung? Ich möchte nun – im Einklang mit meiner in den ersten Kapiteln des Buches entwickelten eigenen Sichtweise – im einzelnen zeigen, daß und warum dies *nicht* der Fall ist.

In der Tat beschreibt der Rechtswissenschaftler typischerweise das, was gemäß einer bestimmten Rechtsordnung *gesollt* ist: normative Anforderungen, die die Rechtsordnung an die Bürger bzw. die Amtsträger stellt, oder, anders ausgedrückt, Verpflichtungen, denen die Bürger bzw. die Amtsträger durch die Rechtsordnung unterworfen sind. So wird man beispielsweise in einer Darstellung des deutschen Zivilrechts – in weitgehender Anlehnung an die Formulierung in § 535 Bürgerliches Gesetzbuch – den Satz finden können, daß der Mieter einer Sache «verpflichtet ist, dem Vermieter den vereinbarten Mietpreis zu zahlen». Und zwar ist dies ganz offenkundig ein normdeskriptiver und nicht ein normexpressiver Satz: Der Wissenschaftler gibt der betreffenden Norm nicht etwa im Sinne einer von ihm selbst ausgehenden Handlungsaufforderung *Ausdruck*, sondern er *beschreibt* lediglich die in der betreffenden Rechtsordnung enthaltene Handlungsaufforderung. Als Wissenschaftler vertritt er nicht die Norm – genauer: den Norminhalt (siehe oben S. 37) – und identifiziert sich auch nicht mit der Norm bzw. dem Norminhalt; er stellt lediglich durch den genannten normdeskriptiven Satz die Existenz der Norm fest bzw. die existente Norm dar.

All dies ist sicher zutreffend. Die entscheidende Frage aber lautet: *Was genau bedeutet es, eine existente Rechtsnorm durch einen normdeskriptiven Satz darzustellen?* Was steckt letztlich dahinter, wenn jemand eine existente Rechtsnorm beschreibend darstellt oder wiedergibt? Nun, fraglos gibt es keine einzige staatliche Rechtsnorm, die nicht einen oder mehrere menschliche Urheber hat. Hinter jeder staatlichen Rechtsnorm steht eine Aufforderung oder Ermächtigung durch Menschen an Menschen, sich in einer bestimmten Weise zu verhalten bzw. bestimmte Verhaltensaufforderungen zu erlassen.

Wenn dies aber zutrifft, dann stellt sich die Frage: Warum kann man eine Rechtsnorm wie die, daß der Mieter den vereinbarten Mietpreis zahlen soll, nicht dadurch völlig adäquat beschreiben, daß man sagt, daß bestimmte Menschen (nämlich die Mitglieder des Parlaments) ein Gesetz mit dem genannten Inhalt erlassen bzw. einen entsprechenden Willen geäußert haben? Diese Aussage aber ist eine rein empirische Tatsachenaussage. Und das bedeutet:

Der Rechtswissenschaftler braucht in diesem Fall überhaupt kein «Sollen», also keine Norm im spezifischen Sinn Kelsens zu beschreiben, sondern nur die hinter dem Norminhalt stehende, mit der empirischen Norm identische Willensäußerung. Damit aber wäre für so etwas wie eine «Grundnorm» als eine besondere Gültigkeitsvoraussetzung von Normen bzw. Rechtsnormen gar kein Bedarf!

Kelsen würde gegen eine solche Sichtweise mit Sicherheit *verschiedene* gravierende Einwände erheben. Zunächst einmal würde er vermutlich darauf hinweisen, daß der Wissenschaftler die zum Erlaß der genannten Rechtsnorm zuständigen Mitglieder des Parlaments ja gar nicht identifizieren könne, ohne eine weitere Rechtsnorm, nämlich eine Rechtsnorm der Verfassung, in seine Darstellung jener Rechtsnorm mitaufzunehmen. Und dies ist, wie in den vorangehenden Erörterungen zum Stufenbau der Rechtsordnung mehrfach deutlich wurde, gewiß richtig. Es verschiebt die Problematik aber nur um eine Stufe. Denn warum kann der Wissenschaftler nicht auch die Normen der Verfassung in der Weise beschreiben, daß er diese auf die Willensäußerungen bzw. Anordnungen bestimmter, wieder anderer Menschen zurückführt?

So gesehen, ließe sich die zu beschreibende Ausgangsnorm, wonach der Mieter zur Zahlung des Mietpreises verpflichtet ist, wie folgt verstehen und darstellen: Bestimmte Menschen haben im Wege einer Ermächtigung angeordnet, daß die Bürger sich, was ihre Mietverhältnisse angeht, im einzelnen so verhalten, wie bestimmte andere Menschen es anordnen. Dabei zeigt schon dieses einfache Beispiel: Wenn der Rechtswissenschaftler tatsächlich genau so vorgehen würde, so würde seine Darstellung einer Rechtsordnung, was alle niederen, durch eine oder mehrere Stufen vermittelten Normen einer solchen Ordnung angeht, ohne Zweifel überaus *komplex* ausfallen.

Genau dies aber ist nach meiner Auffasung ein völlig ausreichender praktischer Grund dafür, daß der Rechtswissenschaftler die Gewohnheit entwickelt hat, einfach Normen (Norminhalte) – und nicht die jeweils einschlägigen Willensäußerungen auf den verschiedenen Stufen einer Rechtsordnung – sprachlich darzustellen. So gesehen, beschreiben die von ihm formulierten Normsätze jedoch keineswegs irgendeine eigenständige Realität jenseits der existenten Willensäußerungen! Die betreffenden Normsätze sind nicht mehr und nicht weniger als eine zweckmäßige «Facon de parler», die etwa dem Zivilrechtswissenschaftler – unter Voraussetzung der Erkenntnisse seines das Verfassungsrecht darstellenden Kollegen – die Alltagsarbeit vereinfacht.

Kelsens Grundnormtheorie verdankt jene gewisse Plausibilität, die sie für Juristen auf den ersten Blick besitzen mag, vor allem jener Tatsache, daß Rechtsnormen in der Tat nie isoliert existieren, sondern stets Teil einer (hierarchisch aufgebauten) *Normenordnung* sind. Sind aber Normen jeder Art tatsächlich Teil einer Normenordnung? Kelsen geht in seiner Fixierung auf die Rechtsordnung von dieser Annahme als selbstverständlich aus (siehe oben S. 137 ff. sowie Kelsen II, S. 21, S. 205 und S. 355). Nach seiner Auffassung verdankt schlechthin *jede* Norm ihre Existenz und Gültigkeit zunächst einer höheren existenten Norm und letztlich der Annahme der Grundnorm. Diese Auffassung aber ist, wie wir nun sehen werden, definitiv falsch. Man betrachte folgendes Beispiel.

Herr Müller sitzt am 1. Juli 2005 um 15 Uhr in seinem Garten und liest ein Buch. Da die Kinder im Nachbarsgarten wild umhertollen und Herrn Müller dadurch bei der Lektüre stören, ruft er ihnen zu: «Ihr sollt Ruhe geben!» Die Aufforderung wirkt: Die Kinder geben Ruhe.

In welcher Normenordnung steht diese Verhaltensaufforderung oder Norm? Wie lautet insbesondere die Ermächtigungsnorm höherer Stufe, der diese Norm ihre Gültigkeit verdanken könnte? *Denkbar* wäre gewiß, daß diese Norm etwa lautet: «Kinder sollen den Aufforderungen ihrer erwachsenen Nachbarn Folge leisten». In Wahrheit ist von der Existenz einer solchen oder ähnlichen Norm aber kaum auszugehen. Also kann auch eine Grundnorm sinnvollerweise nicht an sie anknüpfen.

Es gibt also ganz offenbar auch Normen, die *isoliert* existieren und nicht innerhalb einer *Normenordnung* stehen. Dies trifft insbesondere auf typische Moralnormen zu, so wie sie in einer modernen, säkularen Gesellschaft gewöhnlich vertreten werden. Wenn etwa A fordert «Man soll nicht lügen» oder B ausruft «Ihr sollt euch vegetarisch ernähren», so scheinen diese Normen – ganz unabhängig davon, ob bzw. inwieweit sie wirksam werden oder nicht – jedenfalls Realität zu besitzen oder zu existieren. Denn sie werden ja tatsächlich von Menschen vertreten. Das betreffende Verhalten entspricht wirklich den Wünschen dieser Menschen, und diese Menschen geben ihren Wünschen durch die von ihnen geäußerten Verhaltensaufforderungen oder Normen Ausdruck. Gleichwohl existieren in diesen Fällen keine höheren Normen, die die Normvertreter in irgendeiner Weise zu ihren Verhaltensaufforderungen ermächtigen. Insofern kann man diese isolierten Normen sinnvollerweise auch nicht als «gültig» bezeichnen.

Die Existenz isolierter Normen allein widerlegt jedoch nicht Kelsens Theorie der Grundnorm. Kelsen braucht diese Theorie vielmehr nur etwas abzuwandeln und folgendes zu behaupten: Die eigentliche Geltungsvoraussetzung jeder Norm liegt in der Grundnorm. Sofern die Norm – wie eine Rechtsnorm – innerhalb einer Normenordnung steht, gewinnt sie ihre Geltung aus der Grundnorm durch Vermittlung (einer oder mehrerer) höherer Normen der betreffenden Ordnung. Sofern die Norm aber isoliert existiert, gewinnt sie ihre Geltung *unmittelbar* aus der Grundnorm; die erforderliche Geltungsvoraussetzung höherer Stufe ist hier sogleich die Annahme der Grundnorm.

Das bedeutet: Ein wissenschaftlicher Betrachter muß in unserem Beispiel, um die Norm von Herrn Müller als existent und gültig beschreiben zu können, die Grundnormannahme in der Weise machen, daß er diese Annahme unmittelbar an die von ihm wahrgenommene Verhaltensaufforderung von Herrn Müller anknüpft. Die Grundnorm muß in diesem Fall also etwa lauten: «Die Kinder sollen der Verhaltensaufforderung, die Herr Müller am 1. Juli 2005 um 15 Uhr an sie richtet, Folge leisten». Nur auf diese Weise, so Kelsen, erlangt die Verhaltensaufforderung von Herrn Müller ihre *Gültigkeit* und wird damit zu einer *existenten Norm*.

Ich könnte mir denken, daß manch ein Betrachter seine Probleme hätte, eine derart komplizierte Sichtweise der Existenz von Normen nachzuvollziehen. Wir wollen uns jedoch Kelsens Argument zuwenden, wonach eine solche Sichtweise gleichwohl unverzichtbar ist, wenn man dem wahren Wesen dessen, was eine Norm ausmacht, gerecht werden will. In diesem Argument liegt zugleich Kelsens entscheidender Einwand gegen meine obige These, wonach die Aussage über eine existente Rechtsnorm sich als eine zwar komplexe, jedoch empirische Tatsachenaussage über die Willensäußerungen oder Anordnungen gewisser Menschen rekonstruieren läßt.

Das Argument lautet: Jede Norm, gleichgültig welcher Art, ist als solche identisch mit einem in ganz bestimmter Weise verstandenen *Sollen*. Der entscheidende Gesichtspunkt dabei ist, wie Kelsen schreibt, «daß die Norm als der spezifische Sinn eines intentional auf das Verhalten anderer gerichteten Aktes etwas anderes ist als der Willensakt, dessen Sinn sie ist. Denn die Norm ist ein Sollen, der Willensakt, dessen Sinn sie ist, ein Sein. Darum muß der Sachverhalt, der im Falle eines solchen Aktes vorliegt, in der Aussage beschrieben werden: der eine will, daß sich der andere in bestimmter Weise verhalten soll. Der erste Teil bezieht sich auf ein Sein, die Seins-Tatsache des Willensaktes, der zweite Teil auf ein Sollen, auf eine Norm als den Sinn des Aktes. Darum trifft nicht zu – wie vielfach behauptet wird – die Aussage: ein Individuum soll etwas, bedeute nichts anderes als: ein anderes Individuum will etwas; das heißt, daß sich die Aussage eines Sollens auf die Aussage eines Seins reduzieren lasse.» (Kelsen I, S. 5) Und im selben Sinn heißt es an einer anderen Stelle bei Kelsen in zusammengefaßter Form so: «Wer etwas gebietet, ... will, daß etwas geschehen *soll*. Das Sollen, die Norm ist der Sinn eines Wollens, ... daß sich ein anderer ... in bestimmter Weise verhalten soll» (Kelsen II, S. 2).

Dieses Argument, wonach die Aussage über die Existenz einer Norm mit der empirischen Aussage über die Existenz einer Willensäußerung, Anordnung oder Handlungsaufforderung niemals identisch sein kann, ist ganz offensichtlich, sofern stichhaltig, für *alle* Arten von Normen stichhaltig. Ist dieses Argument aber wirklich stichhaltig? Zunächst einmal müssen wir versuchen, Kelsens Sichtweise davon, was tatsächlich eine Norm ist, so genau wie möglich zu verstehen.

Kelsen will offenbar folgendes sagen: Eine Norm ist nicht ein empirisches Wollen oder ein Willensakt (in meiner Terminologie: eine Verhaltensaufforderung). Sie kann vielmehr, da sie als Norm identisch ist mit einem Sollen, nur als der *Sinn* eines Willensaktes verstanden werden. Denn jeder auf das Verhalten eines anderen gerichtete Willensakt hat den Sinn, daß der andere sich dem Willensakt entsprechend verhalten *soll*. Unter dem «Sinn» des Willensaktes versteht Kelsen dabei offenbar das, was der Willensakt bedeutet, was der Wollende mit ihm meint, was also durch die Verhaltensaufforderung dem Adressaten mitgeteilt wird. Und zwar wird dem Adressaten durch die Verhaltensaufforderung eben nicht mitgeteilt, daß der Normvertreter will, daß er sich so und so *verhält*, sondern daß der Normvertreter will, daß er sich so und so verhalten *soll*. Der Normvertreter verfolgt nämlich das Ziel, ein normgemäßes Verhalten beim Adressaten «dadurch herbeizuführen, daß die Vorstellung der Norm zum Motiv eines ihr entsprechenden Verhaltens wird» (Kelsen II, S. 45).

Ich halte diese Sichtweise Kelsens vom Wesen einer Norm anstatt für realitätsgerecht für arg mystifizierend. Betrachten wir unser obiges Beispiel. Kelsen würde die betreffende Norm konsequenterweise wie folgt deuten: Herr Müller verfolgt sein Ziel, daß die Kinder Ruhe geben, dadurch, daß er ihnen gegenüber sein Wollen äußert, daß sie Ruhe geben *sollen*. Diese von Herrn Müller gesetzte Norm ist dabei *für ihn* insofern eine geltende Norm, als er sein Wollen mit der Grundnormannahme verknüpft. Er hofft, daß in entsprechender Weise auch die *Kinder* sein Wollen mit der Grundnormannahme verknüpfen, daß also auch sie von einer geltenden Norm ausgehen und daß sie so zu einem normgemäßen Verhalten motiviert werden. Der Test dafür, ob die Kinder tatsächlich von einer geltenden Norm ausgehen, ist dabei, ob sie dazu bereit sind, durch ihre Zustimmung zu dem Satz «Wir sollen Ruhe geben» auch ihrerseits dem Sinn des Wollens von Herrn Müller Geltung zu verleihen. Und diese Bereitschaft besteht genau darin, daß sie die Grundnormannahme machen «Wir sollen der Verhaltensaufforderung, die Herr Müller am 1. Juli 2005 um 15 Uhr an uns richtet, Folge leisten» (vgl. oben S. 143).

Ist dies aber die Situation, so wie sie sich einem neutralen Betrachter darstellt? Wohl kaum. Herr Müller will in Wahrheit doch gar nichts anderes, als daß die Kinder Ruhe *geben*. Er will also, daß die Kinder sich seiner Aufforderung entsprechend *verhalten* (vgl. oben S. 38). Was soll es unter diesen Umständen bedeuten, zu sagen «Er will, daß die Kinder sich seiner Aufforderung entsprechend verhalten *sollen* und daß eben dieser *Sinn* seines Wollens auch von den Kindern als das Sollen einer geltenden Norm angesehen wird»?

Worin könnte dieses Sollen, dessen Vorstellung die Kinder angeblich zu dem gewünschten Verhalten motivieren kann, denn bestehen? Womit sonst als mit dem Wollen und der Verhaltensaufforderung von Herrn Müller sind die Kinder denn tatsächlich konfrontiert? Und welches sind denn wohl die Motive, die die Kinder, realistisch betrachtet, tatsächlich zur (von uns angenommenen) Befolgung dieser Verhaltensaufforderung motiviert haben? Nun, diese Motive können recht unterschiedlicher Natur sein: Vielleicht befürchten die Kinder, daß Herr Müller sie schlagen wird; vielleicht bekommen sie von Herrn Müller öfter Süßigkeiten geschenkt; vielleicht akzeptieren sie eine Moralnorm, wonach man anderen Menschen nicht grundlos auf die Nerven gehen soll. Daß die Motivation der Kinder jedoch darin besteht, daß sie mittels der Grundnormannahme die Verhaltensaufforderung von Herrn Müller für ein Sollen im Sinn Kelsens und damit für eine geltende Norm halten, ist schwer nachvollziehbar.

Was kann nach alledem das Sollen der Norm Herrn Müllers für die Kinder anders bedeuten, als daß sie *gemäß dem Willen* von Herrn Müller Ruhe geben sollen – was wiederum nichts anderes bedeutet, als daß Herr Müller will, daß sie Ruhe geben? Was kann hier ein Sollen, das losgelöst von dem Willen Herrn Müllers in irgendeiner Weise existiert, denn überhaupt bedeuten?

Kelsens Deutung, wonach Herr Müller will, daß die Kinder Ruhe geben *sollen*, könnte nur dann einen Sinn ergeben, wenn Herr Müller, falls er mit seiner ursprünglichen Aufforderung an die Kinder keinen Erfolg hat, daraufhin etwa einen zweiten Anlauf dahingehend unternimmt, die *Eltern* der Kinder aufzufordern, daß auch *sie* die Kinder auffordern, Ruhe zu geben. In diesem Fall könnte man tatsächlich sinnvollerweise sagen, daß Herr Müller will, daß die Kinder (nach dem Willen ihrer Eltern) Ruhe geben *sollen* – um auf diesem Umweg zu erreichen, daß sie Ruhe *geben*.

Es ist nicht nachvollziehbar, was man sich unter einem eigenständigen Sollen, das mit einem Wollen – als dessen Sinn – gemeint ist, vorzustellen hat. Was es fraglos gibt, ist das *Wort* «Sollen», das sowohl dem Ausdruck einer Norm (in einem normexpressiven Satz) als auch der Beschreibung einer Norm (in einem normdeskriptiven Satz) dienen kann (siehe schon S. 38 f.). Dabei ist weder Herr Müller mit seinem normexpressiven Satz «Ihr sollt Ruhe geben» noch der Betrachter mit seinem normdeskriptiven Satz «Die Kinder sollen gemäß der Aufforderung von Herrn Müller Ruhe geben» auf irgendeine Grundnormannahme und die mit ihr verbundene Annahme einer spezifischen «Gültigkeit» oder «Geltung» der genannten Norm in irgendeiner Weise angewiesen. Bei einer realitätsgerechten Analyse der Funktion, die das *Wort* «Sollen» in unserer Sprache hat, brauchen wir diese eigenartige «Gültigkeit» einer Norm, die Robert Walter (I, S. 11) im Sinne Kelsens treffend als ihre «*spezifische Existenz im Reich des Sollens*» (Kursivdruck von Walter) bezeichnet, sicher nicht vorauszusetzen, um all jene Normen, die tatsächlich von Menschen ausgehen, angemessen verstehen und beschreiben zu können.

Auch von einer (illegitimen) Ableitung eines Sollens aus einem Sein kann nach der hier vertretenen Sichtweise gewiß *nicht* die Rede sein. Natürlich kann der genannte normexpressive Satz aus dem genannten normdeskriptiven Satz nicht abgeleitet werden. Der Betrachter, der den letzteren Satz aufstellt, braucht die Norm ja selber keineswegs zu vertreten und kann es für ganz ungehörig halten, daß Herr Müller die Nachbarskinder zur Ruhe auffordert. Der normdeskriptive Satz aber ist nichts anderes als eine empirisch zutreffende Aussage.

Alle diese Einwände behalten ihre ungeschmälerte Relevanz aber auch dann, wenn es sich um Normen handelt, die tatsächlich innerhalb einer *Normenordnung* stehen, also gültig aufgrund einer existenten Ermächtigungsnorm sind. Man betrachte das folgende Beispiel. Ein Terrorist hält in einer Bürgerkriegsregion wochenlang mehrere Geiseln gefangen, denen er bei Beginn ihrer Geiselhaft mitgeteilt hat: «Ab sofort habt ihr allen Anordnungen meines Untergebenen U Folge zu leisten». Wenn unter diesen Umständen U etwa die Geiseln auffordert, sich täglich um 22 Uhr schlafen zu legen, dann handelt es sich hierbei offensichtlich um eine im Rahmen einer *wirksamen Normenordnung gültige Norm*. Oder man betrachte das Beispiel der Mitglieder einer religiösen Gemeinschaft, die freiwillig ihren Guru als Autorität akzeptieren und seinen Anordnungen Folge leisten. In Wahrheit ist in solchen Fällen so etwas wie eine Grundnorm zu einem adäquaten Verständnis der normativen Situation um nichts erforderlicher als im obigen Fall des Herrn Müller.

Kelsens «Grundnorm» samt der kraft ihrer einer empirisch existenten Norm zugeschriebenen spezifischen «Gültigkeit» oder «Geltung» in einem mysteriösen «Reich des Sollens» ist eine Schimäre. Daß die beiden Begriffe «Gültigkeit» und «Geltung» allerdings im Rahmen einer realitätsgerechten Normentheorie durchaus eine wichtige – und zwar unterschiedliche! – Funktion einnehmen können, habe ich oben (S. 52 ff.) für die Rechtsordnung zu zeigen versucht.

Besonders mysteriöse Züge läßt Kelsens Grundnormtheorie an jenen Stellen seines Werkes erkennen, an denen der Autor die «Gültigkeit» oder «Geltung» von existenten Normen bzw. Rechtsnormen ausdrücklich in einem *objektivistischen* Sinn verstanden wissen will. So bezeichnet Kelsen es als die Funktion der Grundnorm, «die objektive Geltung einer positiven Rechtsordnung, das ist der durch menschliche Willensakte gesetzten Normen einer im großen und ganzen wirksamen Zwangsordnung, zu begründen». Die Grundnorm, so schreibt er, «legitimiert so den subjektiven Sinn» sämtlicher rechtlichen Willensakte (Kelsen I, S. 205). Und Walter gibt diese Auffassung Kelsens wie folgt wieder: Kelsen «zeigte, daß man der wissenschaftlichen Behandlung von Rechtsordnungen die Annahme voranstellen muß, daß das, was die wirksamen Zwangsordnungen vorschreiben, auch gesollt ist. Diese Annahme wird als Grundnorm bezeichnet ... und erlaubt die Beschreibung und Deutung der effektiven Zwangsordnungen so, als ob sie normative, verbindliche Ordnungen wären» (Walter II, S. 93).

Die Grundnorm hat, so gesehen, also die Funktion, der gesamten Rechtsordnung ihre Geltung im speziellen Sinne einer *objektiven Verbindlichkeit oder Legitimität* zu verleihen. Das soll bedeuten: Es gibt zwar in Wahrheit keine unabhängig von jeder Vertretung bzw. Setzung durch den Menschen existenten, das heißt der Menschheit vorgegebenen und damit im vorpositiven Sinn existenten oder geltenden Normen, also auch kein Naturrecht mit einer *tatsächlich* objektiven Verbindlichkeit. Der Rechtswissenschaftler, der seiner Aufgabe gerecht werden will, ist jedoch gezwungen, eben diese objektive Verbindlichkeit, die es nicht gibt, gleichwohl für jede *positive* Rechtsordnung, die er beschreibt, vorauszusetzen. So verstanden, läßt sich Kelsens Grundnorm wohl am treffendsten als *Postulat* bezeichnen.

Was genau aber *meint* Kelsen eigentlich mit dieser für das positive Recht zu postulierenden «objektiven Verbindlichkeit»? Er scheint zu meinen, daß die betreffenden Rechtsnormen nicht nur vom subjektiven Standpunkt derer aus verbindlich sind, die diese Normen erlassen haben oder akzeptieren, sondern daß diese Normen von einem Standpunkt aus verbindlich sind, dessen Einnahme von *jedem* gefordert wird. (Man beachte: Auch eine bloß subjektiv *vorhandene* Verbindlichkeit kann man natürlich völlig objektiv *darstellen*.) Eine solche «objektive Verbindlichkeit» von Normen aber hat einige kaum akzeptable Konsequenzen.

Eine dieser Konsequenzen ist, daß einander widersprechende Normen zweier Normenordnungen nicht gleichzeitig als geltend betrachtet werden können; denn solche Normen können offenbar nicht gleichzeitig objektiv verbindlich sein. Dementsprechend behauptet Kelsen von seinem Standpunkt aus zu Recht, daß keine zwei Normen «zu gleicher Zeit als gültig angesehen» werden können, wenn sie zueinander in Widerspruch stehen (Kelsen I, S. 358; ähnlich S. 77, S. 209 f. und sehr deutlich S. 329 f.; abweichend jedoch Kelsen II, S. 178). Danach können also etwa die Rechtsnorm des deutschen Staates, die einer Katholikin in Deutschland eine bestimmte Abtreibung erlaubt, und die Moralnorm der katholischen Kirche, die derselben Person diese Abtreibung verbietet, nicht beide als geltend betrachtet werden.

Das aber bedeutet: Es ist der wissenschaftliche Betrachter, der sich in dieser Situation für die Geltung und objektive Verbindlichkeit *einer* der beiden Normen entscheiden muß. Diese Entscheidung kann er aber nur dadurch treffen, daß er sich via Grundnorm ebenfalls für *eine* der beiden *Normenordnungen* (die des deutschen Staates oder die der katholischen Kirche) in ihrer *Gesamtheit* entscheidet. Ein merkwürdiges Ergebnis, das zudem völlig offenläßt, nach welchen Kriterien er einer der beiden Normenordnungen sinnvollerweise den Zuschlag gibt! Beachtung verdient auch, daß der Betrachter die Entscheidung für eine der beiden Normenordnungen offenbar erst dann treffen muß, wenn er tatsächlich einen Widerspruch zwischen zwei abgeleiteten Normen dieser Normenordnungen festgestellt hat.

Zu einer solchen Feststellung aber kann es sogar im Fall verschiedener Rechtsordnungen kommen, obschon diese gewöhnlich in ihrem Befolgungsanspruch auf Handlungen in ihrem jeweiligen Hoheitsgebiet beschränkt sind. Man betrachte beispielsweise § 5 Nr. 9 Strafgesetzbuch, der einer Deutschen verbietet, eine bestimmte mit deutschem Recht unvereinbare Abtreibung etwa in den Niederlanden vornehmen zu lassen, obschon das niederländische Recht diese Abtreibung erlaubt. Das bedeutet: Falls der *rechtsvergleichend* tätige Rechtswissenschaftler im Lauf seiner Beschreibung der beiden genannten Rechtsordnungen auf diesen ungewöhnlichen Fall stößt, so muß er nach Kelsen sich konsequenterweise für *eine* der beiden Rechtsordnungen als geltend entscheiden und seine gesamte Darstellung der *anderen* der beiden Rechtsordnungen dem Reißwolf übergeben.

All diese merkwürdigen Konsequenzen werden *ohne* das Postulat objektiver Verbindlichkeit vermieden. Dann kann man nämlich den Betrachter einfach sagen lassen «Diese Abtreibung, vorgenommen von einer Katholikin in Deutschland, ist zwar nach der katholischen Moral, nicht aber nach deutschem Recht verboten. Und jene Abtreibung, vorgenommen von einer Deutschen in den Niederlanden, ist zwar nicht nach niederländischem, wohl aber nach deutschem Recht verboten». Mit anderen Worten: Auch solche einander widersprechenden Normen können nebeneinander – als gültig *innerhalb* der jeweiligen Normenordnung! – existieren.

Die laut Kelsen für jede gültige Rechtsnorm mithilfe der Grundnorm zu postulierende «objektive Verbindlichkeit» ist jedoch noch in einer weiteren Hinsicht fragwürdig, weil äußerst irreführend. Diese Art der Verbindlichkeit scheint nämlich auf den ersten Blick darauf hinauszulaufen, daß derselbe Rechtswissenschaftler, der das Grundnormpostulat für die Rechtsordnung seiner eigenen Gesellschaft aufstellt, sich dadurch ohne Einschränkung zu eben dieser Verbindlichkeit dieser Rechtsordnung und ihrer Normen auch selbst bekennt. Das aber würde bedeuten: Der Rechtswissenschaftler muß alle Bürger (einschließlich seiner selbst), die Adressaten dieser Rechtsnormen sind, nun auch tatsächlich für objektiv verpflichtet *halten*, diese Rechtsnormen zu befolgen. Kann eine solche Position aber für einen Rechtspositivisten wie Kelsen, der vom Rechtswissenschaftler eine vollkommen wertungsfreie Darstellung der jeweils wirksamen Zwangsordnung ohne Rücksicht auf ihren Inhalt fordert, überhaupt in Frage kommen? Würde diese Position nicht auf eine außerrechtliche, etwa moralische *Legitimation* jeder beliebigen existenten Rechtsnorm von seiten des betreffenden Rechtswissenschaftlers hinauslaufen?

Schon mehrfach sind in der Vergangenheit ähnliche Einwände gegen Kelsens Grundnormtheorie erhoben worden. Walter hat versucht, sie durch die folgenden prägnanten Sätze zu entkräften. Er schreibt, daß der «Reinen Rechtslehre» zu Unrecht «vorgeworfen wird, sie fordere Gehorsam gegenüber jeder effektiven sozialen Macht. In Wahrheit läßt die Reine Rechtslehre die Frage, ob man einem Normensystem gehorchen soll, bewußt offen. Denn diese Frage kann keine wissenschaftliche Lehre beantworten, sie muß menschliche Gewissensentscheidung bleiben» (Walter II, S. 94). Ohne Zweifel hat Walter mit dieser Behauptung, was das ausdrückliche Selbstverständnis Kelsens zur Frage des Rechtsgehorsams angeht, recht. Denn schon bei Kelsen heißt es über die sich des Postulats der Grundnorm bedienende Rechtswissenschaft ausdrücklich: «Sie schreibt nicht vor, daß man den Befehlen des Verfassungsgebers gehorchen soll» (Kelsen I, S. 208). So jedenfalls versteht Kelsen seine eigene Theorie.

Damit aber ist der Vorwurf, die Grundnormtheorie könne, wie gezeigt, in die Irre führen, keineswegs vom Tisch. Denn, so muß man fragen, wenn Kelsen wirklich die soeben zitierte Position zum Rechtsgehorsam einnimmt, was in aller Welt soll dann das Postulat der «objektiven Verbindlichkeit» des positiven Rechts überhaupt bedeuten? Wenn ich es als Rechtswissenschaftler den Normadressaten (mich selbst eingeschlossen!) *völlig freistelle*, ob sie die existenten Rechtsnormen entweder befolgen oder verletzen, was kann ich dann noch damit *meinen*, daß ich gleichzeitig dieselben Rechtsnormen als «objektiv verbindlich» postuliere? Was kann etwa ein von den Nationalsozialisten inhaftierter jüdischer Rechtswissenschaftler damit meinen, wenn er der Rechtsordnung des «Dritten Reiches», die er selbstverständlich in vielerlei Hinsicht nicht für befolgungswürdig hält, gleichwohl «objektive Verbindlichkeit» zuschreibt?

Mir erscheint dies nicht minder rätselhaft, als wenn ein Naturrechtler eine bestimmte Norm, von der er behauptet, sie als *vorpositiv* geltende, objektiv verbindliche Norm erkannt und dargestellt zu haben, gleichzeitig sagen würde: «Ob diese Norm Gehorsam verdient, ist eine offene Frage, die jeder für sich entscheiden mag». Laut Kelsen *postuliert* der Rechtswissenschaftler mit der objektiven Verbindlichkeit doch offenbar für *jegliches positive* Recht nichts anderes als das, was der Naturrechtler für *bestimmte inhaltliche* Normen als tatsächlich gegeben behauptet.

Für eben diese Deutung des Grundnormpostulats scheint auch die Tatsache zu sprechen, daß Kelsen seine Vertretung der rechtspositivistischen Neutralitätsthese ganz ausdrücklich davon abhängig macht, daß es *kein* Naturrecht gibt, daß also die Subjektivismusthese richtig ist. (Vgl. oben S. 75 ff., wo ich im Gegensatz dazu ausdrücklich für die Unabhängigkeit der beiden Thesen voneinander argumentiert habe.) So schreibt Kelsen, die Naturrechtslehre müsse «dem positiven Recht *als solchem* jede Geltung absprechen» (Kelsen I, S. 441); und einer «Gerechtigkeitsnorm» des Naturrechts gegenüber könne «eine ihr widersprechende Norm des positiven Rechtes … nicht als gültig angesehen werden» (Kelsen I, S. 358 f.; ähnlich S. 225).

Mit anderen Worten: Für den Rechtspositivisten Kelsen wird das jeweilige positive Recht durch das Grundnormpostulat ganz offenbar in genau denselben objektiven Rang erhoben, der dem Naturrecht tatsächlich zukäme, wenn es ein Naturrecht gäbe. Das staatliche Recht tritt insofern in der Theorie Kelsens also an die Stelle eines (wissenschaftlich nicht mehr vertretbaren) Naturrechts.

Gleichzeitig jedoch distanzieren sich Kelsen und seine Anhänger, wie oben aufgezeigt, ebenso entschieden wie glaubwürdig von der sich aus dieser Parallele ergebenden Konsequenz des Grundnormpostulats in puncto Befolgungswürdigkeit. Das Problem ist aber: Insofern sie dies tun, wird es *schlicht unverständlich*, was sie unter

ihrem Grundnormpostulat einer «objektiven Verbindlichkeit» –
die sich ja von der zweifellos vorhandenen «subjektiven» Verbindlichkeit der Rechtsnormen, das heißt ihrer Verbindlichkeit vom
Standpunkt derjenigen aus, die diese Normen erlassen haben bzw.
die sie als Normadressaten freiwillig akzeptieren, wesentlich unterscheiden muß! – überhaupt verstanden wissen wollen. Mein Fazit
lautet: Die Kelsensche Grundnorm mit ihrem eigenartigen Postulat
einer objektiven Geltung und Verbindlichkeit ist nicht nur überflüssig; sie ist darüber hinaus, sofern nicht irreführend, ganz und
gar unverständlich.

Kelsen scheint nicht zuletzt deshalb der merkwürdigen Idee an-
zuhängen, der das Recht beschreibende Wissenschaftler müsse ein
spezifisch normatives Element der Verbindlichkeit *postulieren*, weil
er selbst ein solches Element im wirklich existenten Recht, so wie
es sich in der empirischen Realität darstellt, übersieht. Dies wird
sehr deutlich, wenn Kelsen etwa behauptet, man könne auf die Voraussetzung der Grundnorm zwar auch verzichten, dies habe dann
jedoch zur Konsequenz, «daß man die in Betracht kommenden
zwischenmenschlichen Beziehungen» nur «soziologisch, nicht juristisch deuten kann». Anstelle der juristischen, normativen Deutung
dieser Beziehungen könne in diesem Fall nämlich nur noch ihre
Deutung «als Machtbeziehungen, als Beziehungen zwischen befehlenden und gehorchenden oder nicht gehorchenden Menschen»
treten – also eine rechtstheoretisch belanglose Deutung (Kelsen I,
S. 224).

Aus diesem Zitat geht eindeutig hervor: Eine Rechtsordnung besteht für Kelsen, was ihre *empirisch* wahrnehmbare Seite betrifft,
aus den im Rahmen einer hierarchischen Machtstruktur von bestimmten Personen erlassenen Anordnungen, die sich in der betreffenden Gesellschaft als weitgehend wirksam erweisen. Diese Sichtweise ist zwar, was jedenfalls das Gesetzesrecht angeht, nicht falsch
(zu anderen Formen des Rechts siehe oben S. 72 f.); sie ist aber in
wesentlicher Hinsicht unvollständig. Eine Rechtsordnung *kann*
nämlich, wie ich oben (S. 29 ff.) ausführlich argumentiert habe, gar
nicht im relevanten Sinn *wirksam* sein, ohne daß eine weitere Voraussetzung erfüllt ist: Zumindest zahlreiche *Amtsträger* müssen die
Verfassung dieser Rechtsordnung (bzw. bestimmte, im Einklang

mit ihr erlassene Normen) *freiwillig akzeptieren.* Und nicht selten ist es darüber hinaus durchaus der Fall, daß auch die Mehrheit der normalen Bürger in einer solchen Haltung hinter der Verfassung der eigenen Rechtsordnung steht.

Mit dieser Einstellung der Akzeptanz aber ist, so möchte ich an dieser Stelle behaupten, ein ganz bestimmtes *psychologisches* Element der Verbindlichkeit begriffsnotwendig in jeder Rechtsordnung enthalten. Denn jeder, der eine Norm als ihr Adressat freiwillig akzeptiert, betrachtet bzw. behandelt diese Norm damit automatisch als einen für sich selbst *verbindlichen* Verhaltensmaßstab. Das heißt, er besitzt damit die generelle Disposition, auch unabhängig von drohenden Sanktionen die Norm zu befolgen. Welches die letztlich dahinterliegenden Gründe sind, die ihn zu einer Akzeptanz der Norm bewegen, kann dabei offenbleiben (näher hierzu S. 66 f.). Entscheidend ist: Eine Rechtsordnung besteht als empirische Gegebenheit eben *nicht nur,* wie Kelsen annimmt, aus Machtbeziehungen zwischen befehlenden und gehorchenden (oder nicht gehorchenden) Menschen. Sogar in einer Diktatur gibt es jedenfalls *auch* Menschen, nämlich Amtsträger, die sich mit der Verfassung aus freien Stücken identifizieren.

Insofern gibt es in der Tat in jeder Rechtsordnung – wie im übrigen auch im Rahmen jeder gut organisierten «Räuberbande»! – ein spezifisches Element der Normgeltung, nämlich der psychologisch verstandenen Verbindlichkeit, für das es in *bloßen* «Machtbeziehungen» zwischen Menschen – wie in der Beziehung zwischen Bankräuber und Bankbeamten oder zwischen Geiselnehmer und Geiseln – kein Pendant gibt. Entsprechend macht es auch in unserem obigen Beispiel (S. 142) natürlich einen Unterschied, ob Herr Müller die Kinder zur Ruhe auffordert oder ob die eigene Mutter, die von den Kindern als Autorität anerkannt wird, dies tut. Trotzdem haben wir es in allen diesen Fällen mit existenten (und möglicherweise wirksamen) Normen zu tun – wenn auch der Norm des Bankräubers sowie der Norm Herrn Müllers keine *Gültigkeit* im Rahmen einer geltenden *Normenordnung* zukommt.

In der Tat sind in einem *diktatorischen* Staatswesen, dessen Verfassung von der Mehrheit der Bevölkerung nicht akzeptiert wird, die Beziehungen zwischen den Urhebern und den gewöhnlichen

Adressaten gültiger Rechtsnormen, wie Kelsen treffend formuliert, bloße «Machtbeziehungen zwischen befehlenden und gehorchenden Menschen». An dieser Tatsache ändert man als Rechtswissenschaftler aber auch dadurch nicht das Geringste, daß man diesen Beziehungen durch das Grundnormpostulat eine im Kelsenschen Sinn «normative Deutung» gibt! Man tut jedenfalls mit diesem Manöver den unterdrückten Bürgern sowenig einen Gefallen wie in meinem obigen Beispiel (S. 147) mit dem entsprechenden Postulat den gefangenen Geiseln.

Da nach Kelsens Auffassung eine Rechtsordnung als solche jeden Inhalt haben kann (siehe oben S. 71), muß natürlich auch eine Rechtsordnung diktatorischer Art gemäß Kelsen, um adäquat verstanden zu werden, die spezifisch «normative Deutung» erfahren. Und konsequenterweise muß Kelsen ebenfalls annehmen, daß ganz entsprechend auch jede *außerrechtliche* Normenordnung wie die eines Geiselnehmers oder die eines religiösen Gurus für eine derartige Deutung dem mit der passenden Grundnorm ausgestatteten Normwissenschaftler zur Verfügung steht.

Wie vermutlich in jeder Normenordnung haben auch in einer Rechtsordnung die Normvertreter bzw. Normerzeuger, die die betreffenden Normen erlassen, an einer möglichst verbreiteten inneren Einstellung der Normakzeptanz seitens der Normadressaten ein starkes Interesse. Denn eine Normakzeptanz erhöht, wie schon gesagt, erheblich die Chancen der Normbefolgung – und zwar ohne die mit der Praxis der Sanktionierung verbundenen spezifischen Kosten für die Normvertreter zu verursachen. Das Moment der anerkannten Normverbindlichkeit ist also auch für die Normvertreter von erheblicher Bedeutung. Außerdem wird es jedenfalls in einer Rechtsordnung nicht selten der Fall sein, daß die Vertreter jener Normen, die sich an *alle* Personen (also auch an sie selbst) als Adressaten richten, ihrerseits diese Normen ebenfalls akzeptieren. Man denke etwa an die üblichen Normen des Strafrechts.

Wir halten fest: Zumindest zahlreiche Amtsträger einer Rechtsordnung betrachten die Verfassung dieser Rechtsordnung als für sich bindend; und die Erzeuger einer Rechtsnorm sind daran interessiert, daß möglichst viele Adressaten die Rechtsnorm akzeptieren. Genau diese Phänomene aber sind es, die das Element der Verbindlichkeit in einer Rechtsordnung ausmachen. Dabei kann der Rechtswissenschaftler dieses *psychologische* Element – nicht anders als das *soziologische* Element der Wirksamkeit – prinzipiell auf empirischem Weg als real erfassen und darstellen. Des Postulats einer in einem mysteriösen «Reich des Sollens» angesiedelten *objektiven* Verbindlichkeit (des jeweiligen positiven Rechts) bedarf es zu diesem Zweck nicht.

In diesem Zusammenhang erscheint auch noch der folgende Aspekt von Kelsens Verständnis einer Rechtsordnung als kritikwürdig. Kelsen behauptet im Zusammenhang mit der Verfassung als dem höchsten positiven Geltungsgrund der Rechtsordnung, daß dieser höchste positive Geltungsgrund stets die «historisch erste Staatsverfassung» sei (Kelsen I, S. 203). Das heißt: Sofern die gegenwärtige Verfassung eine im Einklang mit einer früheren Verfassung *geänderte* Verfassung ist, stellt nicht die gegenwärtige, geänderte, sondern die ursprüngliche Verfassung die höchsten positivrechtlichen Normen der betreffenden Rechtsordnung dar.

Diese Sichtweise ist mit der von mir oben (S. 27) vertretenen Position zur Verfassung als dem Geltungsgrund der Rechtsordnung nicht vereinbar. Denn die frühere Verfassung wird ja, soweit geändert, tatsächlich innerhalb der Rechtsgemeinschaft *nicht* mehr akzeptiert. Es ist vielmehr allein die *gegenwärtige* Verfassung, an der sich die Amtsträger bzw. die Bürger orientieren. Häufig werden die betreffenden Personen den Inhalt der früheren Verfassung, die möglicherweise Generationen zurückliegt, überhaupt nicht kennen. Die historische Frage aber, ob die *gegenwärtige* Verfassung auf einer Änderung beruht, die seinerzeit legaler (im Einklang mit der früheren Verfassung stehender) oder aber illegaler Natur war, braucht sie nicht zu interessieren. Ausschlaggebend ist allein die Tatsache, daß die gegenwärtige Verfassung, so wie sie lautet, die Spitze einer wirksamen Rechtsordnung bildet.

Gegen diese Auffassung vom Charakter der höchsten Rechtsnorm spricht auch nicht die Tatsache, daß im Rahmen einer existenten Rechtsordnung auch Normen bzw. Gesetze Gültigkeit besitzen können, die noch vor dem Geltungsbeginn der gegenwärtigen Verfassung erlassen wurden. Denn in aller Regel enthält eine Rechtsordnung in ihrer geltenden Verfassung jedenfalls die *ungeschriebene*

Norm gewohnheitsrechtlicher Natur, daß auch solche Normen bzw. Gesetze, sofern sie nicht ausdrücklich aufgehoben werden, ihre frühere Gültigkeit behalten. Und zwar trifft dies in der Regel sogar dann zu, wenn die gegenwärtige Verfassung *nicht* im Einklang mit der früheren Verfassung steht, sondern das Ergebnis einer Revolution ist.

Auch Kelsens Sichtweise der jeweils geltenden Verfassung zeigt insofern, daß er die psychologische Situation speziell jener Menschen, die der Rechtsordnung ihre reale Existenz verschaffen, nicht angemessen berücksichtigt. Richtig ist zwar, daß die *abgeleiteten* Normen einer Rechtsordnung als Rechtsnormen (kraft Gültigkeit) auch dann existieren können, wenn der Akt ihres Erlasses längst vergangen ist, ja wenn die Menschen, die sie erlassen haben, inzwischen verstorben sind. Insofern könnte man meinen, daß diese Normen, rein empirisch betrachtet, ja eigentlich ihre Existenz verloren haben müßten. Daß hinter diesen Normen in der Tat nicht (mehr) der aktuelle Wille ihrer Urheber steht, bedeutet jedoch nicht, daß hinter diesen Normen *überhaupt kein* empirisch feststellbarer, aktueller Wille steht. Diese Normen verdanken ihre anhaltende Existenz als gültige Rechtsnormen vielmehr dem aktuell präsenten Willen derjenigen Personen, die die Verfassung der gegenwärtig wirksamen Rechtsordnung vertreten bzw. akzeptieren. Denn sie sind logische Konsequenzen der betreffenden Verfassungsnormen und insofern von der Vertretung bzw. von der Akzeptanz dieser Verfassungsnormen implizit miterfaßt. (Siehe näher oben S. 43 f.)

Zuzugeben ist also, daß die Existenz einer abgeleiteten Norm im Rahmen einer *Normenordnung* offenbar auch dann gegeben sein kann, wenn diese Norm als empirische Verhaltensaufforderung ihres unmittelbaren Urhebers nicht mehr existent ist. Außerdem kann es der Fall sein, daß die Akzeptanten der höchsten Norm die abgeleitete Norm selbst überhaupt nicht ausdrücklich vertreten, etwa weil sie sie nicht kennen oder vielleicht auch bewußt ignorieren.

All dies muß uns aber keineswegs dazu veranlassen, wie Kelsen offenbar meint (Kelsen I, S. 7), schon deshalb ein «objektives» Sollen in unsere Darstellung des Rechts einzuführen. Ausreichend für die Annahme der gegenwärtigen Existenz einer Rechtsnorm ist nämlich in jedem Fall die Gültigkeit dieser Norm in Relation zu einer Verfassung, die zumindest von der Mehrheit der Amtspersonen gegenwärtig akzeptiert wird und insofern auch gegenwärtig existent ist. Denn damit sind indirekt auch sämtliche aus der Verfassung logisch ableitbaren, also gültigen Rechtsnormen insofern gegenwärtig existent, als sie in den gegenwärtig akzeptierten Verfassungsnormen als implizite Folgerungen enthalten sind.

Schlechthin *jede* existente Norm kann ihre Existenz letztlich gar nichts anderem verdanken als einer *gleichzeitig* existenten, auf menschliches Verhalten bezogenen Willenshaltung irgendwelcher Menschen. Auf dem Hintergrund der Sichtweise Kelsens muß es rätselhaft erscheinen, wie eine Rechtsordnung, deren Normen, wie er meint, bar *aller* gegenwärtig empirisch existenten Elemente gleichwohl Gültigkeit besitzen können, sich zur gleichen Zeit als «im großen und ganzen wirksam» erweisen kann. Irgendwelche Normen, empirisch verstanden, oder deren Folgerungen müssen doch die Wirksamkeit, die ja mit Sicherheit empirischer Natur ist, stets von neuem herbeiführen! (Vgl. auch oben S. 48 ff.) Es hat etwas Abstruses, wenn Kelsen die Existenz ausgerechnet einer Rechtsordnung mit ihrer auf einem massiven Zwangspotential basierenden Wirksamkeit letztlich von einem *Postulat des Betrachters* abhängig machen will und dabei den eigentlichen Anknüpfungspunkt für dieses Postulat in Normen erblickt, die – als Normen einer «historisch ersten» Verfassung – in vielen Fällen von niemandem mehr vertreten und nur noch von wenigen Personen überhaupt gekannt werden.

Die großen Verdienste, die Kelsens Rechtstheorie in einer Vielzahl von Detailfragen – in bezug auf die einzelnen Strukturelemente einer modernen Rechtsordnung – auszeichnen, konnten hier nicht behandelt werden. Sie sind, was die philosophischen Grundfragen nach dem Wesen des Rechts angeht, von sekundärer Bedeutung. Kelsens Kernthesen jedoch auf rechts- wie normphilosophischem Gebiet, nämlich sowohl sein spezifisches «Reinheitsgebot» als auch seine Theorie der «Grundnorm» und der «objektiven Normgeltung», verdienen keine Zustimmung. (Bezugnahmen auf Thesen Kelsens finden sich auch im Haupttext dieses Buches auf den Seiten 14 ff., 38, 42 f., 44 ff., 50 f., 54 f., 72 f. und 101.)

Verzeichnis der zitierten Literatur

Alexy, Robert: *Begriff und Geltung des Rechts*, Freiburg/München 1992.

Hart, H. L. A. (Hart I): *The Concept of Law*, Second Edition, Oxford 1994.

Hart, H. L. A. (Hart II): *Recht und Moral.* Drei Aufsätze, hrsg. von Norbert Hoerster, Göttingen 1971.

Hitler, Adolf: *Mein Kampf*, 661.–665. Aufl., München 1942.

Höffe, Otfried: *Politische Gerechtigkeit.* Grundlegung einer kritischen Philosophie von Recht und Staat, Frankfurt a. M. 1987.

Hoerster, Norbert (Hoerster I): *Ethik und Interesse*, Stuttgart 2003.

Hoerster, Norbert (Hoerster II): *Sterbehilfe im säkularen Staat*, Frankfurt a. M. 1998.

Hoerster, Norbert [Hrsg.]: *Recht und Moral.* Texte zur Rechtsphilosophie, Stuttgart 2002.

Kant, Immanuel: *Die Metaphysik der Sitten*, in: I. K., *Werke in sechs Bänden*, hrsg. von Wilhelm Weischedel, Bd. 4, Darmstadt 1963.

Kelsen, Hans (Kelsen I): *Reine Rechtslehre.* Mit einem Anhang: Das Problem der Gerechtigkeit, 2. Aufl., Wien 1960.

Kelsen, Hans (Kelsen II): *Allgemeine Theorie der Normen*, Wien 1979.

Kriele, Martin (Kriele I): *Grundprobleme der Rechtsphilosophie*, Münster 2004.

Kriele, Martin (Kriele II): *Rechtspflicht und die positivistische Trennung von Recht und Moral*, Österreichische Zeitschrift für Öffentliches Recht 1966, S. 413 ff.

Larenz, Karl (Larenz I): *Deutsche Rechtserneuerung und Rechtsphilosophie*, Tübingen 1934.

Larenz, Karl (Larenz II): *Volksgeist und Recht*, Zeitschrift für Deutsche Kulturphilosophie 1935, S. 40 ff.

Larenz, Karl (Larenz III): *Richtiges Recht.* Grundzüge einer Rechtsethik, München 1979.

Ott, Walter: *Der Rechtspositivismus.* Kritische Würdigung auf der Grundlage eines juristischen Pragmatismus, 2. Aufl., Berlin 1992.

Radbruch, Gustav: *Gesamtausgabe. Rechtsphilosophie III*, Heidelberg 1990.

Ross, Alf: *On Law and Justice,* London 1958.

Schönke/Schröder, *Strafgesetzbuch.* Kommentar, 27. Aufl., München 2006.

Walter, Robert (Walter I): *Hans Kelsens Rechtslehre,* Baden-Baden 1999.

Walter, Robert (Walter II): *Diskussionsbeitrag,* in: Robert Walter, Clemens Jabloner und Klaus Zeleny (Hrsg.), *30 Jahre Hans Kelsen-Institut,* Wien 2003, S. 93 f.

Fremdsprachige Zitate wurden vom Autor übersetzt.

Zusätzliche Literaturhinweise

Die Hinweise beschränken sich auf umfassende Darstellungen deutschsprachiger Autoren.

Adomeit, Klaus: *Rechtstheorie für Studenten,* 4. Aufl., Heidelberg 1998.

Braun, Johann: *Rechtsphilosophie im 20. Jahrhundert.* Die Rückkehr der Gerechtigkeit, München 2001.

Brieskorn, Norbert: *Rechtsphilosophie,* Stuttgart/Berlin/Köln 1990.

Bydlinski, Franz: *Juristische Methodenlehre und Rechtsbegriff,* 2. Aufl., Wien 1991.

Coing, Helmut: *Grundzüge der Rechtsphilosophie,* 5. Aufl., Berlin/New York 1993.

Henkel, Heinrich: *Einführung in die Rechtsphilosophie,* 2. Aufl., München 1977.

Hoeren, Thomas und Stallberg, Christian: *Grundzüge der Rechtsphilosophie,* Münster 2001.

Hofmann, Hasso: *Einführung in die Rechts- und Staatsphilosophie,* 3. Aufl., Darmstadt 2006.

Horster, Detlef: *Rechtsphilosophie zur Einführung,* Hamburg 2002.

Kaufmann, Arthur: *Rechtsphilosophie,* 2. Aufl., München 1997.

Kaufmann, Matthias: *Rechtsphilosophie,* Freiburg/München 1996.

Koller, Peter: *Theorie des Rechts.* Eine Einführung, 2. Aufl., Wien 1997.

Pfordten, Dietmar von der: *Rechtsethik,* München 2001.

Röhl, Klaus Friedrich: *Allgemeine Rechtslehre,* 2. Aufl., Köln 2001.

Rüthers, Bernd: *Rechtstheorie.* Begriff, Geltung und Anwendung des Rechts, 2. Aufl., München 2005.

Schapp, Jan: *Freiheit, Moral und Recht – Grundzüge einer Philosophie des Rechts,* Tübingen 2005.

Seelmann, Kurt: *Rechtsphilosophie,* 3. Aufl., München 2004.

Smid, Stefan: *Einführung in die Philosophie des Rechts,* München 1991.

Zippelius, Reinhold: *Rechtsphilosophie,* 4. Aufl., München 2003.